Anton Emanuel Schönbach

Über die Marienklagen

Ein Beitrag zur Geschichte der geistlichen Dichtung in Deutschland

Anton Emanuel Schönbach

Über die Marienklagen

Ein Beitrag zur Geschichte der geistlichen Dichtung in Deutschland

ISBN/EAN: 9783743689787

Hergestellt in Europa, USA, Kanada, Australien, Japan

Cover: Foto ©ninafisch / pixelio.de

Weitere Bücher finden Sie auf **www.hansebooks.com**

ÜBER

DIE MARIENKLAGEN.

EIN BEITRAG

ZUR

GESCHICHTE DER GEISTLICHEN DICHTUNG IN DEUTSCHLAND

VON

DR. ANTON SCHÖNBACH

AO. O. PROFESSOR DER DEUTSCHEN SPRACHE UND LITTERATUR.

FESTSCHRIFT
DER K. K. UNIVERSITÄT IN GRAZ ZUR JAHRESFEIER AM 15. NOVEMBER 1874.

IN COMMISSION BEI LEUSCHNER & LUBENSKY.
UNIVERSITÄTS-BUCHHANDLUNG IN GRAZ.

Múater síu thu gúata thaz allaz scóuuota,
  thés̄o selbun quisti tho ruartun iru brústi
Rózagemo múate, joh uuárd uns iz zi gúate,
  ni mókt iz sin in ander, ni sia rúartu thaz sér.
Sin drút ouh stuant thar éiner mit thíarnuduauu resper;
  er gibórita ouh tho thár, joh ssh mo thaz jámar.
Thúruh thio suuo gúati tho in derero nóti
  bifalah ther súm guater themo sina múater,
Thaz er sia zi fmo nami, sí dróstolos ni uuari,
  iu ira kludes uuehsal sia biudorgeti obarál.
Bisórgeta er thia múater thar so hángenter;
  uuir sin gibót ouh uuirken inti bi úusa muater thénken.

Otfrid IV, 32.

Die untersuchung, welche in diesen blättern geführt werden soll, erstreckt sich auf folgende stücke:

- A Unsir vrowen klage, von W Grimm herausgegeben in Haupt's zeitschrift I, 34—37. nochmals von O Schade Niderrheinische gedichte s. 209—212.
- B Lichtenthaler Marienklage, herausgegeben von Mone, Schauspiele des Mittelalters I, 31—37. Ph Wackernagel, das deutsche Kirchenlied II, 346 f. nr 509.
- C Benedictbeurer osterspiel, herausgegeben von B. J. Docen in Aretin's beiträgen zur geschichte und litteratur VII, (1806) 497—508, von Hoffmann v. Fallersleben in den Fundgruben II, 245—258, von Schmeller, Carmina burana s. 95—107, von Edelestand du Méril, Origines latines du théatre moderne s. 126—147, von Ph Wackernagel aao. II, 341—346 nr 508.
- D Münchner Marienklage, herausgegeben von Franz Pfeiffer in Haupt und Hoffmanns Altdeutschen blättern II, 373—376.
- E aus Trier, Fundgruben II, 260—279 und Ph Wackernagel aao. II, 347—353 nr 510.
- F Alsfelder passionsspiel, herausgegeben von C. W. M. Grein. Cassel 1874.
- G Friedberger dirigierrolle, herausgegeben von Weigand HZ VII, 545—556.
- H Frankfurter dirigierrolle, herausgegeben von v. Fichard in seinem Frankfurtischen archiv für ältere deutsche litteratur und geschichte. III, 131—158.
- I Marienklage, herausgegeben von Docen im neuen litterarischen anzeiger 1806, sp. 82—84, wiederholt Fundgruben II, 281—283.
- K Gundelfingers grablegung Christi, herausgegeben von Mone, Schauspiele des Mittelalters II, 131—150.
- L Egerer passionsspiel, herausgegeben von Bartsch, Germania III, 267—297.
- M Marienklage aus Böhmen, durch herrn J. Virgil Grohmanns güte mir freundlich zur verfügung gestellt, anhang I.

N   Breslauer Marienklage, herausgegeben von Alwin Schultz, Germania XVI, 56—60.
O   Wolfenbüttler Marienklage, herausgegeben von Schönemann. Hanover 1855.
P   Bordesholmer Marienklage, herausgegeben von Müllenhoff HZ XIII, 288—318.
Q   St. Galler bruchstück, herausgegeben von Mone, Schauspiele des Mittelalters I, 199—200.
R   Engelberger bruchstück, herausgegeben von Mone aao. I, 201.
S   Luzerner bruchstück, herausgegeben von Mone aao. I, 202—203.
T   Marienklage aus dem Sterzinger passionsspiel, herausgegeben von Pichler, Über das drama des Mittelalters in Tirol. Innsbruck. 1850. s. 18—24.
U = bruchstücke, zusammengestellt von Pichler aao. s. 31—35.
V = Marienklage mit den propheten, herausgegeben von Pichler aao. s. 115—140.
W   Prager Marienklage, gedruckt im anhang II.
X = St. Galler passionsspiel, herausgegeben von Mone aao. I, 72—128.
Y   Donaueschinger passionsspiel, herausgegeben von Mone aao. II, 183—350.
Z   Innsbrucker auferstehung Christi, herausgegeben von Mone, Altdeutsche schauspiele s. 109—144.
α   Wiener osterspiel, herausgegeben von Hoffmann, Fundgruben II, 297—336.
β   Freiburger passionsspiele, herausgegeben von Ernst Martin, Freiburg 1872.
γ   Zerbster procession, herausgegeben von Sintenis HZ II, 276—297.
δ   Uerdinger spiele, herausgegeben von Rein, Crefeld 1853.

Um eine gemeinsame grundlage der Marienklagen sogleich unzweifelhaft zu machen, stelle ich im folgenden die am häufigsten vorkommenden versikel zusammen. ich habe, damit nicht die schreibweise einer handschrift gegen die der andern festgehalten werden müsse, die verse ins mhd. umgeschrieben.

    I Owê der jemerlîchen klage,
     die ich muoter einiu trage
     von des tôdes wâne!

B 1—3; D 10—13; E 263, 6—8; F 6054—6056; I 283, 10—12; M 83—85; O 127—129; T s. 20; V s. 127; φ 1739. 40.

    II weinen was mir unbekant,
     sît ich muoter was genant
     und doch mannes âne.

B 4—6; D 14—16; E 263, 9—11; F 6057—6059; I 283, 6—8; L 283, 13—15; M 86—88; O 130—132; T s. 20.

III nû ist ze weinen mir geschehen,
  sît ich dînen tôt muoz sehen,
  den¹ ich âne swære gar
  muoter unde meit gebar.

B 7. 8; D 17—20; E 263, 12—15; F 6060—6063; L 253, 9—12; L 253, 16—19; M 89—92; O 434—437; P 656—659; (Q 37); T s. 21; (Z 1735. 6).

IV dîne wunden tuont mir wê;
  dannoch klage ich michels mê
  daz dû herzeliebes trût
  wider mich niht maht werden lût.

B 78—83; D 65—68; E 263, 33—36; F 6071—6077; L 253, 11—14 unten; M 103—106; NB¹ 18—21; P 501—504.

V ôwê kint, dîn wengel sint
  dir sô gar erblichen;
  al diu kraft al diu maht
  ist dir sô gar entwichen.

B 31—36; D 29—32; E 263, 37—40 mit variante; F 6078. 79; L 253, 5—10 unten; 253, 13—15 unten; M 97—102; NB¹ 13—18; Q 8—12.

VI ein swert mir geheizzen was
  von Simeônis munde.
  Jhesu Krist, dô ich dih genas;
  daz snîdet mich ze stunde.

B 83—87; D 21—24; L s. 254 oben; M 117—120; Q 4—7; V s. 135.

VII ôwê tôt, dise nôt
  maht dû mir wol enden.
  wilt dû von dir her ze mir
  dînen boten senden.

B 13—18; E 263, 16—19; F 6061. 65; L 256. 13—19; M 129—131; P (355. 9) 680—683; (V s. 133).

VIII tôt, ôwê tôt,
  tôt, nû nim uns beide,
  daz er alsô eine niht
  von mir werde gescheiden.

D 37—40; E 263, 20—24; M 151—154; O 440—442; P 698—701; T s. 25; V s. 133.

IX ôwê waz hât er iu getân?
  muget ir iu niht leben lân

---
¹ ähnlich im einfachen satz gr. IV. 311 f.

und hietet benumen mir den lip?
owê waz sol ich armez wip?

D 73—77; E 263, 25—28; F 6066—6069; L 285, 9—12 *unten*; M 297—300;
NB¹ 4—7; O 438. 9; P (396. 7). 639 – 642; Q 14—17.

X   herze brich! kint, nû sprich
und lâ mich mit dir sterben,
ode ich muoz hie   under dir
sô jæmerlich verderben.

E 271, 10—19; F 6462. 3; G s. 549; L 286, 7—12 *mit variante*; M 123—128
mit variante; NB¹ 7—12 *mit variante*; (T s. 20).

XI   diu sunne birget iren schîn
al der werlt gemeine,
diu erde erhidemt, swie si lit,
ûf kliebent sich die steine.

D 33—36; L 285, 1—4 *unten*; M 173—176; NB¹ 24—27; P 694—697.

XII owê wer   hât sîn aber
also her geneiget,
daz er dich   und ouch mich
jæmerlîchen scheidet?

B 49—51; D 25—28; E 268, 7. 8; F 6396. 7; L 286, 1—6; M 121. 2;
NB¹ 22—25; P 648—653.

XIII ir vrouwen, helfet mir ze klagen
mînen jæmerlîchen schaden;
denke eine muoter an die nôt,
ob ir liebez kint wær tôt.

D 46—49; *sonst überall mit varianten*.

XIV Owê des ganges, den ich gên
mit jâmer und mit riuwen;
ich mac gesîtzen noch gestên,
mîn leit daz wil sich niuwen.

D 1—4; E 261, 20; F 5942. I 281, 15—18; L 281, 1—4; M 59—62; P
169—174; T s. 20; V s. 139.

XV grœzer klage gêt mich nôt,
owê wære ich vor dich tôt;
vater, schepfer bist dû mîn
und ich armin muoter dîn.

B 73. 4; D 69—72; E 262. 7. 8; 263. 29—32; 269. 26. 7; F 5998. 9;

6070—73; 6436.7; I 252.5; K 5.6; L 283, 1—4 *unten*; M 5.6; II. 12;
93—96; NB¹ 14—17; P 407—500.

    XVI ich hœre einen grôzen ruof,
      daz ist Jhesus, der mich geschuof.
D 6.7; E 266. 16—20; F 6172—76; I 252, I. 2; M 9. 10; P 233. 4;
T s. 22.

    XVII ôwê mir, nû ist er tôt,
      uû verniuwet sich mîne nôt,
      die ich senelîchen trage
      unde klegelîchen klage.
D 78—81; E 271, 26—29; F 6475—6478; II s. 151; L 285, 5—8 *unten*;
M 291—294; NA² 8—12; O 162. 3; P 623. 626. 631. 636—38.

    XVIII dîne nôt diu nœtet mich,
      dîn bluot daz rœtet mich,
      dîn tôt der tœtet mich.
D 62—64; M 185—87; O 443—45; P 702—4; T s. 25.

ich glaube, dafs diese verse in ihrer vorliegenden gestalt um die mitte des XIII. jahrhunderts abgefafst wurden und erkläre mir die freiheiten ihrer sprache teils aus dem volkstümlichen sinne ihrer verfasser, teils aus der beschaffenheit der vorlage. denn die ersten dreizehn versikel sind dem inhalte und der form nach freie bearbeitung einer sequenz, welche zuerst von Mone mit hilfe von zwei handschriften, einer aus Namur (a), einer aus Reichenau (b), beide des XV jahrhunderts, im 2. bande seiner schauspiele des mittelalters s. 362 ff, dann von du Méril (Origines lat. s. 143 anm. 3), der drei oder vier handschriften des XIII und XIV jahrhunderts kannte aao. s. 142 anm.), aus einer handschrift des Rosarium sermonum praedicabilium XIV jahrhunderts (d), zuletzt von Kehrein (Lateinische sequenzen s. 177 f.) aus dem Missale fratrum Carthusiensium, Paris 1520 (c) herausgegeben worden ist. Mone hat schon (aao. s. 360 f) angemerkt, dafs diese sequenz 'mit den alten schauspielen' zusammenhänge. Schade hat (geistliche gedichte vom Niderrhein s. 207) darauf hingewiesen, EWilken (Geschichte der geistlichen spiele s. 76 anm. 5) die übereinstimmung der oben gedruckten verse mit zwei stellen der sequenz wahrgenommen,¹

---

¹ *Wilken nennt (aao. s. 76) diese sequenz 'den hymnus des Bonaventura.' allerdings steht bei Mone s. 362: 'dieses weitläufige gedicht gehört, wie schon der eingang zeigt, zur grablegung Christi. in andern handschriften wird es dem Bonaventure (starb 1274) zugeschrieben (Bonaventurae opera Venet. 1755. I, 130.)' allein diese sätze beziehen sich auf die Horae de planctu beatae virginis, quas composuit papa Johannes XXII., deren anfang Mone daselbst (freilich auf der vorhergehenden seite) gedruckt hat. ein ähnliches versehen hat Schade (aao. s. 207) begangen. man vergl. Mone, Lateinische hymnen des Mittelalters II, 139.*

aber die sache wurde weiter nicht beachtet. den einzelnen abodtzen des folgenden textes habe ich die nummern der entsprechenden deutschen versikel links beigesetzt.

		Planctus ante nescia,	1
I III		planctu lassor anxia,	2
		crucior dolore;	7
		orbat orbem radio,	3. 4
	5	me Iudaea filio,	
		gaudio, dulcore.	5. 6
(X)		Fili, dulcor unice,	
		singulare gaudium,	
		matrem flentem respice,	13. 14
	10	conferens solatium.	15
IV		Pectus, mentem, lumina	17. 18. 20
		torquent tua vulnera:	
		quae mater, quae femina	
		tam felix, tam misera?	
	15	Flos florum, dux morum,	
		veniae vena,	
		quam gravis in clavis	19
		est tibi poena!	
V		Proh dolor! hinc color	
	20	effugit oris;	
		hinc ruit, hinc fluit	26
		unda cruoris.	
		O quam sero deditus,	27
		quam cito me deseris!	
	25	O quam digne genitus,	
		quam abjecte moreris!	32
		O quis amor corporis	
		tibi fecit spolia?	
		O quam dulcis pignoris	34. 35
	30	quam amara praemia!	

---

1 pl. prius nescia b die verse 1—6 finden sich auch in CDE   12 tua torquent c
13 quam femina ab   19 hinc dolor b   21 h. fluit h. ruit ab   23 editus a; die verse
23—30 fehlen in b   24 qui cd me cito a   26 hic obj. a   28 sibi c fecit tibi d
30 tam a. a abjecto pr d

		O pia gratia	
		sic morientis!	
		o zelus o scelus	36. 39
		invidae gentis!	
	35	O fera dextera	
		crucifigentis!	40. 41
		O lenis in poenis	42—45
		mens patientis!	
VI		O verum eloquium	46. 47
	40	justi Simeonis!	48. 49
		quem promisit gladium	50
		sentio doloris.	52
		Gemitus, suspiria	
		lacrimaeque foris	53—55
	45	vulneris indicia	
		sunt interioris.	
VII		Parcito proli,	
		Mors! mihi noli:	56—59
		tunc mihi soli	
	50	sola mederis.	
VIII, XII		Morte beate	
		separer a te,	60. 61
		dummodo, nate,	
		non crucieris!	
	55	Quod crimen, quae scelera	62. 65
		gens commisit effera!	
		vincla, virgas, vulnera,	63. 66. 67
		sputa, spinas, cetera	68. 70
		sine culpa patitur.	71. 72
IX	60	Nato, quaeso, parcite;	73
		matrem crucifigite	74
		aut in crucis stipite	
		nos simul affigite:	77—80
		male solus moritur.	81

35 *die verse* 35—59 *fehlen in* b   63 affigite b   64 *fehlt in* b

	65	Reddite moestissimae	
		corpus vel exanime,	82. 83
		ut, sic minoratus,	
		crescat cruciatus	84. 85
		osculis, amplexibus.	86
(X)	70	Utinam sic doleam,	87. 88
		ut dolore peream!	
		nam plus est dolori	89—93
		sine morte mori,	
		quam perire citius.	
XI	75	Quid stupes, gens misera,	100
		terram se movere,	91
		obscurari sidera,	
		languidos lugere?	98. 99
		Solem privas lumine;	102. 103
	80	quomodo luceret?	
		aegrum medicamine;	104. 105
		unde convaleret?	
		Homicidam liberas,	106—108
		Jhesum das supplicio;	109
	85	male pacem toleras,	110
		veniet reditio.	113—115
		Famis, caedis, pestium	116
		Scies docta pondere,	117
		Jesum tibi mortuum	118—123
	90	Barrabamque vivere.	
		Gens caeca, gens flebilis,	124
		age poenitentiam,	125—127
		dum tibi flexibilis	
		Jesus est ad veniam.	128. 129
	95	Quos fecisti, fontium	
		prosint tibi flumina!	
		sitim sedant omnium,	
		cuncta lavant crimina.	

68 examine a   69 censet b   71 quod d. b   74 mit diesem verse bricht b ab
75 quod st. a   83 homicidas a   86 venies d   89 tamen m. a

	Flete, Syon filiae,	130
101	tantae gratae gratiae;	132. 133
	in venis angustiae	134—136
	sibi suut deliciae	
	pro vestris offensis.	137—141
	In amplexus ruite;	143
105	dum pendet in stipite,	142
	mutuis amplexibus	
	se parat amantibus,	146—149
	brachiis protensis.	
	In hoc solu gauden,	154
	quod pro vo bis doleo:	153
XIII	vicem, quaeso, reddite;	
	matris damnum plangite.	150

101 luvenis e?   102 sunt tibi e   103 pedent d   108 extensis a   109 solo fehlt a   110 qui pro e   111 rependite a

Das gedicht ist eine klage, welche Maria allein unter dem kreuze stehend spricht. die verse 9. 10 setzen Christum noch als lebend voraus, 65 ff erwähnen bereits den leichnam, 75 ff erzälen die vorgänge beim tode Christi, alles demnach in der reihenfolge, welche die evangelien innehalten. in den drei letzten absätzen wendet sich Maria an die frauen von Jerusalem. deuten nun schon form und inhalt der sequenz auf deren kirchliche verwendung am Charfreitag[1] (*e ist ein Missale*), *so scheinen diese letzten absätze, an die hörer gerichtet, bestimmt darauf hinzuweisen. Maria tritt allein auf, klagt allein: wir haben somit den einfachsten actus, den monolog.*

D, welches mit dem ersten absatze der sequenz beginnt, enthält am schlusse folgende verse:

> Mi Johannes, planctum move;
> plange mecum, fili nove,
> fili novo foedere [2]
> matris et materterae.

---

[1] was Alt (Christl. cultus II 28 f.) über die feier des Charfreitags in älterer zeit vorbringt, ist, wie ich von kundigen mich belehren lasse, mit vielem andern in diesem werke ungenau.

[2] vgl. Mone Lat. hymnen nr. 704 in nativitate s. Johannis evang. v. 13. 14
Cui matrem toti foedere
mortis conjungis tempore etc.

tempus est lamenti:
immolemus intimas
sacrimarum victimas
Christo morienti.

In C *finden sich dieselben verse (s. 106) nach der angabe:* Tunc Maria amplexetur Johannem et cantet eum habens inter brachia, *es heifst darnach weiter:* Et per horam quiescat sedendo, et iterum surgat cantando:
Planctus ante nescia etc.
Tunc iterum amplexetur Johannem et cantet:
Mi Johannes etc.
Johannes ad haec:
O Maria, tantum noli
lamentari tuo proli!
sine me nunc plangere,
quae vitam cupis cedere.

In I *stehen die verse* Mi Johannes etc. *nach* 283, 12 *also nach der bearbeitung des* Planctus ante nescia. *ihnen folgt dort von* 13—20 *eine übersetzung, darauf als antwort des Johannes:*
O Maria, stella maris,
cur tam grave contristaris etc.

Es ist nicht zu bezweifeln[1], *dafs diese verse Marias, vielleicht auch die antworten des Johannes eine fortsetzung der sequenz bilden sollten. an welche stelle sie gehörten, wird indessen aus den angaben in DCI nicht klar. in der ältesten fassung der sequenz waren sie nicht enthalten, dafür kommt uns ein beweis anderswoher.*

Die sequenz ist bisher nur aus verhältnismäfsig späten handschriften und einem drucke bekannt. es wäre mithin leicht möglich, dafs jemand das hohe alter des lateinischen gedichtes, welches vorausgesetzt wird, wenn man es für die quelle der unsern deutschen Marienklagen gemeinsamen verse hält, bezweifeln könnte, etwa das richtige verhältnis umkehrend. es ist deshalb sehr erfreulich, dafs ein bestimmtes zeugnis für die existenz der sequenz im 12 jahrhundert aufgewiesen werden kann. A. Unsir vrowen klage, aus der hannoverschen handschrift stammend, in welcher auch die gedichte des Wernher vom Niederrhein und die gleichfalls von W Grimm HZ x, 1—142 *herausgegebenen Marienlieder sich befinden, ist eine genaue übersetzung*[2] *des* 'Planctus ante nescia.' *die rechts von der sequenz gedruckten ziffern bezeichnen die den lateinischen versen entsprechenden des deutschen gedichtes. und*

---

[1] *schon* Mone, Schausp. des M.A. II 361 *merkt dies an.*
[2] *vgl.* Schade aao. s. 207. *er bietet auch s.* 208—212 *einen gereinigten text, doch muchten mir manche änderungen und auslassungen darin zu kühn scheinen.*

dieses gedicht, aufgezeichnet in der jüngeren kölnischen mundart,[1] ist unzweifelhaft im xiv jahrhundert verfaßt worden.

So enge schließt sich die übersetzung an die vorlage an, daß für deren kritik sich einiges ergibt. die verse 65—69 werden übersetzt:

gevit mir doch den doden lib
(wan ich sin mudir bin undi ein vil armiz wib),
dat ich mich gisade minis ruen
unde min leit dicke irnuen.

Das deutet auf 'crescat' in xcd gegen das von Mone aus b aufgenommene 'cesset'. in vers 83 wird durch die übersetzung:

di sechere Barrabas,
di ein mansletigir was,
den haldent si zu live —

Die lesart von cd bestätigt. die verse 87. 8 müssen dem übersetzer in einer anderen fassung vorgelegen haben, denn er schreibt:

von hungere, von durste unde von swerde,
das si fluen, ob si mochtin, nodir di erde —

Sollte in v. 88 ein 'abscondere' gestanden haben? — ähnlich bei 101. 2 und 111. die verse 95—99 sind unübersetzt geblieben, sie werden sich in der vorlage des übersetzers nicht gefunden haben. auch das 'Mi Johannes etc.' fehlt in der übersetzung, es ist später hinzugefügt worden, als man das bedürfnis empfand, die kirchliche feier zu erweitern.

Für die unter XIV—XVIII mitgeteilten deutschen versikel, so wie für die nur wenigen stücken gemeinsamen verse werde ich später im einzelnen die beziehungen auf die lateinische kirchliche poesie nachweisen.

—

Nach diesen vorbemerkungen gehe ich an die betrachtung der einzelnen stücke.

B. Mone[2], nach ihm EWilken[3] und PhWackernagel[4] halten diese klage für die älteste und erklären die veränderungen, welche in den übrigen klagen sich vorfinden, für verderbnisse.

Den inhalt bildet ein gespräch zwischen Maria und Johannes nach dem tode Christi, der am kreuze hängend gedacht wird. v. 1—146. 147—172 geben eine,

---

[1] vgl. Heinzel, Geschichte der niederfränkischen geschäftssprache s 286. wenn dort diese Marienklage ins xiv jahrhundert gesetzt wird, so bezieht sich dies natürlich nur auf die lautbezeichnung der handschrift.

[2] aao. s. 29.

[3] aao. s. 76 f.

[4] das deutsche kirchenlied II 347. ihnen schließt sich Lambert Guppenberger Antheil Ober- und Niederösterreichs an der deutschen Literatur usw. Linz 1871. s. 53 f an.

auch sonst bekannte, von der prima Maria zu declamierende lateinisch-deutsche einleitung zur auferstehungsfeier. die verse 1—146 sind nach Mone's angaben in der handschrift folgendermafsen eingeteilt: vier absätze von je 18 versen nach dem schema:

```
      ′    ′           a
           ′           a
           ′    ⌣      b
           ′           c
 ♭    ′    ′    ′    ′ c
      ′    ′    ⌣      b
      ′    ′    ′      d
      ′    ′    ′      d
           ′    ⌣      e
 10   ′    ′    ′    ′ f
      ′    ′    ′      f
      ′    ′    ⌣      e
           ′           g
      ′    ′    •      g
 15   ′         ⌣      h
      ′                i
      ′                i
      ′         ⌣      h
```

Hienach zwei absätze von je 24 zeilen, deren jeder zweimal das eben angegebene schema der verse 1—12 enthält. sodann ein absatz von 12 versen ebenso gebaut und einer von 14 versen, die in ihrem baue genau den versen 1—14 des verzeichneten schemas entsprechen. von den ausführungen Mones scheint mir eine behauptung ganz sicher: die nämlich, dafs das ganze gedicht aus zehn strophen von je 18 versen bestehen sollte, dafs aber nur die 4 ersten strophen vollständig seien. die beschaffenheit dieser klage zu erklären, sind bisher, so weit ich sehe, zwei versuche gemacht worden:

1. Mone und Ph Wackernagel meinen, die überlieferung des gedichtes sei in unordnung geraten; Wackernagel versucht, die mangelhaften strophen aus anderen Marienklagen zu ergänzen.

Dieser annahme steht zunächst entgegen, dafs die handschrift durchaus kein zeichen der unordnung aufweist. und ein solches müfste doch in dem erhaltenen texte noch sichtbar sein, wenn das ausfallen der abgesänge schlechtem stande der überlieferung zuzuschreiben wäre. welcher art müfste die überlieferung gewesen sein, welche beschaffenheit müfste die vorlage des schreibers der Lichtenthaler handschrift gehabt haben, damit gerade diese abgesänge wegfallen konnten! zu dem gibt es gar keinen grund, nicht anzunehmen, dafs verfasser und schreiber unseres gedichtes identisch seien. die schreibweise innerhalb der verse stimmt zu den reimen; der schriftcharakter läfst Mone für die entstehungszeit der handschrift das ende des XIII jahrhunderts halten, dazu pafst der strophenbau und die metrische beschaffenheit der verse.

2. EWilken hält auch die strophen von nur 12 zeilen für unversehrt und meint, da der 13. und 14. vers des letzten absatzes, also 145. 6 nur die an gleicher stelle der 4. strophe befindlichen verse 67. 8 wiederholten, sei man berechtigt, für die strophen 5, 6, 8. 9 den abgesang der 4., für 7 und 10 den abgesang der 3. wiederholen zu dürfen.

Auch diese ansicht kann ich nicht teilen. es fehlt ganz und gar an analogien, dafs eine wiederholung von absätzen, ein refrain, in handschriften unangedeutet bliebe. und was für ein refrain! ein abgesang für 5 strophen, einer für 3, während die beiden ersten strophen ihre selbständigen abgesänge haben. auch hat sich noch ein kleiner irrtum in Wilken's erörterung eingeschlichen. der erhaltene anfang des abgesanges von strophe 10, auf den Wilken seine annahme stützt, gehört zur strophe 4, Wilken aber weist der strophe 10 den abgesang der strophe 3 zu. zerstört also damit seine eigene beweisführung. vielleicht gibt eine erwägung des inhaltes aufschlüsse über die entstehung des gedichtes.

Die erste strophe besteht aus I, II, den beiden ersten versen von III; darauf folgen:

                aube der laiden merre!
10   wâinen, clagen muz ich han,
                nain der freude ni gewan,
                von meiner hertzzen swerre.

den abgesang bildet VII.

Strophe 2 enthält zuerst 6 verse:

                Awe der kleglechen not,
20   daz ich niht heut pin tot
                von dem laiden mere:
                daz ich armen lewen sol,
                da von pin ich iamers vol
                von meinner flarchen swerre.

man sieht leicht, dafs diese verse nur den in 9—12 schon mangelhaft ausgedrückten gedanken noch mangelhafter, zum teil mit denselben worten, wiederholen. 25—30 lauten:

25   ich waz anne fwere gar,
                do ich muter dich gepar
                anne mannes malle:
                daz ich dich alfo fechen mûz,

             da von wirt mir nimer puz
          30 meiner ftarken quale.

25. 6 find die umgestaltete zweite hälfte von III. 25 fteht hier befonders
fchlecht, da er das 24 vorkommende wort swære zum überfchufs wiederbringt. 27
drückt nur in ähnlicher weife aus, was 6 gefagt wurde. 28 lehnt fich an 8 und
die conftruction von 29. 30 ift auffallend ähnlich der von 23. 4. der abgefang
wird durch V gebildet.

 die erften 12 verfe der dritten ftrophe heifsen:
          Johannes, fun, nu hore mich;
          feit ich nimant han wan dich,
          so hilf mir heute wainen.
       40 groffer clage get mir not,
          daz mein kint ift laider tot
          daz klag ich dir allaine;
          da von hilf klagen mir mein kint,
          feit heut alle, di hie fint,
       45 tunt in nit wan ftrafen.
          fi fehent, er fei ein pofer wiht
          und teten fie im anders niht,
          fo muz im mer waren.

Ich mache aufmerkfam, dafs in diefem abfatz wieder die conftructionen und
ausdrücke fehr wenig mannigfach find. fo: wan dich 38, wan ftrafen 45; feit
ich han 38, feit heut alle 44; hilf mir 39, hilf mir 43; klage 40, klage ich 42,
klagen 43. die einleitung des gefolgerten fatzes mit da von 43 war fchon in der
zweiten ftrophe zweimal da. 45 ift wol ganz mifslungen. der abgefang lautet:
          aube wer
       50 hat fein fper
          also her geftochen,
          daz der ihr
          und mir
          daz hertzze hat zerbrochen?
vergleicht man diefe verfe mit XII, fo kann es wol kaum zweifelhaft fein, welche
textgeftalt für die ältere gehalten werden mufs.

 Die vierte ftrophe gebe ich mit der interpunction Mone's:
       55 Lieuen mum und muter mein,
          la dein wainen frawe fein,
          la dein grozzen fwerre:
          io wer bir verlorn gar,
          rainen muter, daz ift war,
       60 wi daz niht euwerre,

daz er lid difen tot
und difen piterleichen tot,
wir wern alle verlozen gar.
daz er folt erfterben fo
65 daz waz gedaht allez do,
e er wurd geporn.
frawe, fein plut
daz ift gut,
daz mit den welde verdarbe:
70 da von la fein
difen pein,
e daz wir erfterwen.

*die strophe ist fehlerhaft. nicht blofs in vers 61 ßbelgeraten, v. 63 mufs, sollen
wir den mit v. 66 correspondierenden reim erhalten, gelesen werden:*
wir wæren alle gar verlorn.
*aber auch dieser reim genügt nicht, denn nach den entsprechenden stellen der übrigen
strophen fordern wir klingenden versausgang. v. 66 ist unvollständig. v. 69 mafs
es verderbe heifsen, soll reim überhaupt hergestellt werden. doch die strophe hat
noch andere mängel. 58 und 63 sind fast identisch, ja im letzteren hat sogar das
reimwort in folge der einwirkung von 58 eine falsche stelle erhalten. auch ist
die construction des satzes 58—63 nicht gelungen. der sinn von 70—72 ist mir
nicht erkennbar.*

*Die fünfte strophe beginnt mit zwei versen, die der ersten hälfte von XV
gleich sind. die nächsten verse lauten:*
75 und also verpunden,
das wer liblftach,
den ich mir gewinen mach.
*v. 75 ist mir nicht verständlich, da es 74 nicht mit im heifst. 76. 7 sind in
diesem zusammenhange unpassend. die verse 78—84 enthalten IV mit leichten
änderungen.*

Von der sechsten strophe halte man die ersten vier verse:
Ain fwert gehaifen waz,
do ich muter fein genas
das fneit mich hie ze ftunden,
ez gat durch das herze mein.
*neben VI und man wird nicht blofs leicht die Lichtenthaler fassung als die jüngere
erkennen, sondern auch zugeben müfsen, dafs die neue reimstellung ab nur auf
kosten der verständlichkeit gewonnen wurde. 89. 90 wiederholen 74. 5. 91—96
enthalten eine bearbeitung der verse* Flecte ramos arbor alta etc., *welche aus dem*
Crux fidelis inter omnes *stammen. vgl.* E 265, 12 ff; P 731 ff *und* 740 ff.

In der siebenten strophe sind die verse 97—99:

       Frawe, ez wart also gedaht,
       e den werlt burde volle braht,
       daz er sterben solt.

Nur eine wiederholung von 64—66. in den folgenden versen 100—103:

       too an sinen galgen als ein diep,[1]
       dem den werlt wer also liep,
       daz er si losen bolte
       von dem piterleichen tot

enthält der letzte den schon 62 gebrauchten ausdruck. die verse 104—108 entbehren der genügenden verbindung. sie heisen:

       daz sprach selbe der milte got
  105 zu seinnem liebsten kinde,
       dar zu ist dein sun erkorn,
       der da von dir ist geporn,
       da von der klag erwinde.

ist 106 an 103 zu knüpfen?

Die achte strophe lautet:

       Daz mein kint erplichen ist,
  110 warer got und warer krist,
       daz iagz mich immer rewen.
       er hat menschens pildes niht,
       grofes unrecht im geschiht,
       sie haut in verspuen;
  115 ich sich in iemerleichen an,
       da von muz ich kumer han,
       io ist er verpunden.
       ez geschach ni dieh so we
       mim kinde si geschehen me,
  120 vil groz sint sein wunden.

v. 117 bringt zum dritten male verpunden. 116 enthält neuerdings die mit da von eingeleitete construction. 118—120 lehnen sich an 70—81.

---

[1] *begründet in den stellen der evangelien: Matth. 26, 55; Marc. 14, 49; Luc. 22, 52. und denen in welchen vom kreuzigen zwischen den schächern gesprochen wird, dann in die hymnen übergegangen sb.*

       tamen est latronibus
       par in passionibus.

Mone lat. hymn. I 104. 122 f. II 137. 139 usw.

Ganz erbärmlich zusammengeflickt ist die neunte strophe:

  Swem ie herzen lait gefchach,
  der klag heut min ungemach,
  daz ich armen dulde;
  daz mein kint ertotet ift,
125 War got und warer Krift,
  gar an fein fchulde.
  herze, du folt brechen dich,
  truren, heinen clage ich
  heut und immer mere.
130 fit ich doch erfterwen fol,
  nimer ftarb ich alfo wol,
  fo heut in meiner fwere.

124—126 *wiederholen* 109—111; 127—132 *nehmen, zum teil mit denselben worten die verse* 9—12 *und* 21—24 *auf*.

Die zehnte strophe endlich lautet:

  Fraw, du folt dein klagen lan,
  durch dich hat er daz getan
135 und durch di werlt gemaine:
  ez hulf allez wainen niht,
  wer er als ein pofer wiht
  nit heut erhangen aine,
  fo weren wir verdorwen gar,
140 rainen muter, daz ift war.
  nu la dein forgen,
  er troft die fel und mich,
  und wil, vrawe, kronen dich
  an dem dritten morgen.
145 fein plut
  daz ift gut.

zu v. 133 *vgl.* 56; *zu* 137 *nehme man* 46; 139 *und* 140 *sind* = 58. 59. *v.* 142 *ist confus, auch wenn man mit Mone* dein *für die liest; die verse* 143. 4 *enthalten tatsächlich unrichtiges, denn davon, dass die auferstehung Christi als eine krönung Marias (auch nur bildlich) aufgefasst werden könne, ist nirgends die rede.* 145. 6 *versuchen den abgesang der vierten strophe anzufügen, bleiben aber unfertig, nachdem schon* 145 *ein für den vers nötiges wort weggelassen worden war.*

 Es wird, hoffe ich, klar geworden sein, dass die Lichtenthaler Marienklage mit ausnahme der allenthalben vorkommenden versikel das elende machwerk eines stümpers ist und dass an den zahlreichen mängeln durchaus nicht eine euch als stark angenommene textesverderbniss schuld tragen kann. dieses gedicht ist **nicht** *die quelle* der übrigen Marienklagen. es fehlen nicht nur eine große anzahl der beliebtesten klageverse und zwar solcher, die in den von Mone angenommenen lücken gar nicht gestanden haben können, sondern es sind auch die vorkommenden verse hier arg zugerichtet, in andere reimstellung gepresst und sinnlos verändert. zu erwähnen ist noch folgendes. nach der Marienklage steht, wie auch ab. in E, das bekannte Heu nobis internas mentes. auch dieses ist hier nur höchst mangelhaft aufgezeichnet. von dem quo privamur miserae der ersten strophe irrte der schreiber — ob im gedächtnisse oder in der vorlage, ist unsicher — ab zu dem oves erranti miserae der zweiten strophe und setzte in derselben fort. die beigesetzten deutschen verse gehen vom schreiber aus und versuchen eine sehr übel gelingende übersetzung des lateinischen textes.

Es bleibt, so möchte ich meinen, um alle eigentümlichkeiten von B zu erklären, nur eine annahme übrig. B ist das produkt eines ungeschickten dichters, der die einzelnen populären, in ihrer äußeren form wie im inhalte den absätzen der sequenz Planctus ante nescia nachgebildeten versikel der deutschen Marienklagen aus dem gedächtnisse [1] zu einem kunstvollen ganzen zu vereinigen wünschte, das fehlende übel ergänzend. es müssen daher auch die versuche Ph Wackernagels, ergänzungen vorzuschlagen, überflüssig scheinen. bemerkenswert ist noch, daß die stärksten reimfreiheiten in B sich in den von dem compilator fabrizierten stellen finden.

Ich habe mich genötigt gesehen, bei der besprechung von B besonders weitläufig zu sein, um die falsche ansicht, welche jetzt darüber herrscht, gründlich zu beseitigen. ich kann nun des raumes wegen bei den übrigen stücken nicht in gleicher weise verfahren, sondern muß voraussetzen, daß dem leser die einzelnen klagen zur hand seien.

C. Obschon C ein passionspiel aus der berühmten Benedictbeurer handschrift [2] ist, scheint es doch das nachweisbar älteste stück, in welchem die sequenz 'Planctus ante nescia' vorkommt und zwar noch ohne deutsche begleitverse. das stück ist

---

[1] dazu stimmt, daß von der fast ganz aus den allgemein bekannten versen bestehenden ersten strophe ab die benutzung des überlieferten immer schwächer wird, bis die abgesänge wegfallen und endlich alles in kläglichen wiederholungen ausläuft.

[2] EWilken kennt freilich 'Münchner hds. des XIII jahrhunderts' und sagt ao. s. 62. 'der von Docen und Hoffmann gegebene text scheint auf einer ursprünglich Tegernseer hds. zu beruhen, die aber nur in kleinigkeiten abirrt von der offenbar bessern Benedictbeurer.' also zwei handschriften der carmina Burana? — leider ist dies nur ein scherzhafter irrtum, zu dem EWilken sich durch eine notiz bei Hoffmann s. 241 und dadurch verleiten ließ, daß bei Hoffmann s. 247. 8 eine kleine umstellung vorgenommen wurde, wie denn auch in dessen texte etwa in ein dutzend fällen der indicative statt des handschriftlichen conjunctivs sich findet.

ziemlich kunstlos aus den texten der evangelien componiert, die deutschen verse (wie das bekannte: krâmer, gip die varwe mir) sind durchaus volksmäfsig. während der kreuzigungsszene heifst es: Tunc veniat mater Domini lamentando cum Joanne Evangelista et ipsa accedens crucem respiciat crucifixum'. die 17 deutschen verse, welche nun folgen, enthalten zwar durchaus keine eigentümlichen gedanken, unterscheiden sich aber von den üblichen, späteren Marienklagen dadurch, dafs alle verse an das begleitende volk gerichtet sind. man vergleiche 3. 4 mit 6. 7 unserer sequenz, 14. 5 mit 60. 1. die folgende lateinische klage Marias steht merkwürdiger weise — man müfste denn überkühn sein — nicht in beziehung zu den deutschen versen. mit 'dum caput cernu ...' bricht sie ab und es folgt die oben (s. 10) schon abgedruckte szene. abgesehen davon, dafs die sequenz hier eine falsche stelle erhalten hat — das novum foedus derselben wird erst in der folgenden szene geschlossen — ist auch die aufzeichnung, wie die des ganzen stückes, aphoristisch und ungenau. auf das Mi Johannes hätte die antwort des jüngers unmittelbar zu folgen, statt dessen kommt sie erst nach der wiederholung. zwischen die erste und zweite angabe des Mi Johannes ist der Planctus gefügt, jedesfalls falsch. entweder gehören anrede und antwort vor den anfang der alten sequenz, oder, wie ich trotz dem Christo morienti auf D1 gestützt anzunehmen vorziehe, hinter das ende derselben. wie schon erwähnt, ist keine deutsche bearbeitung beigegeben. defshalb und weil die in dem stücke erhaltenen deutschen verse ein wesentlich älteres gepräge haben als die deutschen gemeinsamen klageversikel, halte ich dafür, dafs diese erst nach C entstanden sind. ob C den anlafs dazu gegeben, wage ich nicht zu bestimmen. ich mache nur noch aufmerksam, dafs schon Docen (Miscellaneen II 192) als entstehungsort der sammlung der carmina Burana die Rheingegenden angenommen hat.

D. Auf die überschrift Planctus beate virginis folgt der erste absatz unserer sequenz. nach der neuen überschrift Dum edit ad crucem s'ehen XIV, XVI und eine variante der beiden ersten verse von XV. neue überschrift: Cum recedit a sepulchro, dann: I, II, III, VI, XII, V, XI, VIII, dann 41—45 eine klage an die frauen, die D eigen ist und XIII. von 50—61 reichen zwei ganz nach dem muster von V und VII gebaute absätze, gleichfalls D eigentümlich. es folgen: XVIII, IV, XV diesmal vollständig, IX, XVII, darauf der schon oben erwähnte absatz Mi Johannes und von 83—96 eine klage, die sich auch sonst findet und hier etwas in unordnung geraten zu sein scheint. sie wird noch später besprochen werden.

Dieses stück hat einige sonderbarkeiten. es könnte als monolog aufgefasst werden, denn nur Maria spricht. doch finden sich bestimmte beziehungen auf die übliche umgebung. Christus wird angeredet, die verse 8. 9 lassen ihn rufen. das Mi Johannes wendet sich an den jünger, 41—49, 83—96 sind an die begleitenden frauen gerichtet, 25—28 deutet wie gewöhnlich auf Longinus. wenn nun die ständigen interlocutoren der Marienklagen vorausgesetzt werden, aber nicht auftreten

und sprechen, so kann nur angenommen werden, D sei eine Marienrolle, aus einem
größeren stücke ausgeschrieben.[1] die handschrift, in welcher D aufgezeichnet ist
(nr. 716 der Münchner bibliothek) enthält ein Antiphonarium 'cum notis musicis'
und deutsche kirchengesänge ebenfalls mit musiknoten. es braucht demnach keine
vollständige Marienrolle, sondern blos der gesungene haupt(mittel)teil einer solchen
zu sein. Dum vadit ad crucem und cum recedit a sepulchro sind anweisungen
für den interpreten der rolle.

Auffallend ist noch folgendes. nach der einleitung enthalten 10—49 eine partie
der gebräuchlichen verse, dann folgt eine rede an die frauen, deren schluß — man
darf es allerdings mit der chronologie der vorgänge in diesen stücken nicht all zu
genau nehmen — ob ir vil liebez kint war tôt darauf hinzudeuten scheint, daß
Christi tod bereits erfolgt sei. 50—52 nehmen jedoch die lyrische klage wieder
auf, 50—64 in D eigentümlichen versen, 65—82 in den gebräuchlichen. nach 68
würde Christus noch leben. 83 ff wenden sich abermals an die begleitenden frauen.
89—96 schliessen ab. es sind also die gewöhnlichen und einige neue versikel in
zwei partien geteilt, deren jede mit einer aufforderung an die frauen von Jerusalem,
mitzuklagen, endet. also zweimal dieselbe szene, während in anderen stücken die versikel
nacheinander folgen und die rede an die frauen nur einmal erwähnt wird. ich
weiß keine bestimmte und sichere erklärung dafür. denn daran, daß zwei ver-
schiedene klagen hier hintereinander aufgezeichnet und so äußerlich vereinigt worden
seien, ist nicht zu denken, weil die gebräuchlichen versikel aus beiden teilen sonst
immer mit- und nebeneinander vorkommen. es ist möglich, daß über die anord-
nung der gemeinen und der neuen, nach dem muster der alten angefertigten, verse
die musikalische composition aufschluß geben kann. ich habe die handschrift nicht
gesehen. die vorlage von D aber war gewiß eine der besten aus den älteren
fassungen der klage.

E und F. Diese beiden stücke müssen im zusammenhange besprochen werden.
bevor Grein seine jüngst erschienene ausgabe des Alsfelder passionsspieles veranstaltet
hatte, konnte eine genaue untersuchung und vergleichung beider stücke kaum vorge-
nommen werden, da die angaben Vilmars HZ III 477—518 nicht genügen. Grein
aber hat s. X f seiner einleitung nur angegeben, welche partien der Trierer klage
im Alsfelder spiele sich wiederfinden, das verhältnis beider nicht genauer erörtert.

Die ersten gemeinschaftlichen verse sind E 200, 1—6, F 5906—11 (O lieben
kint der kristenheit). aber in E beginnt nach der überschrift die klage mit diesen
versen, in F geht eine lange einleitung vorher, welche schon mit 5808 anfängt.

---

[1] der gebrauch, rollen auszuschreiben, ist nachgewiesen von Pichler, über das drama
des Mittelalters in Tirol s. 15. von Grein, einleitung zur ausgabe des Alsfelder passions-
spieles s. XIII und an anderen orten.

nach der spielordnung tritt Maria von Joseph de Arimathia und Nicodemus
geführt auf, Johannes und Petrus halten sich einstweilen abseits. Maria singt den
vers Lucas 8, 5: exiit qui seminat seminare semen suum etc. und bittet in den
versen 5808—5819 Maria Salomee, den Johannes zu holen, damit er mit ihr zu
der martel gehe. nach einer kleinen einwendung 5820—23 und der erneuten bitte
Marien 5824—29 bringt Maria Salomee bei Johannes ihre botschaft an 5830—35.
Johannes spricht zwar befürchtungen über die nutzlosigkeit des unternehmens aus,
geht aber doch, nach dem er Andreas[1] und Petrus gerufen hat 5839—47. aber
nur Petrus folgt. Maria klagt nun 5848—57 den beiden in 12 versen, welche
aber fast alle an andern stellen der klage noch vorkommen.[2] Johannes ant-
wortet 5858—63. 5860 lehnt sich an 5841. auch Petrus tröstet 5864—77[3]
mit ganz allgemeinen phrasen. 5864. 65 heißen:

     Maria du edele konigin,
     laiſs so sere din klagen sin

5872 und stille die groiße klage din und 5876. 7

     Dar umb, du zarte konigin
     loiß so sere din klagen sin.

auch 5866 lehnt sich an 5860. 5841. Maria antwortet 5878—87 und bittet wider
beide jünger mit zur marter zu gehen. Johannes verspricht es 5888—91[4]. Maria
stimmt zu 5892—95 und wendet sich zum gange, indem sie noch die leute segnet
5896—99. Johannes spricht 5900—5905 ad populum. diese verse nehmen die
stelle der einleitung, wie sie in OPV vorkommt, ein und sind die offizielle anzeige
vom beginne der Marienklage. die selbständigkeit derselben wird durch diese aus-
drückliche einführung bestätigt. die beschaffenheit der verse, die ganze stellung
dieser einleitung kennzeichnet sie als produkt des Alsfelder bearbeiters. er empfand,
daſs von der kreuzigung zur traditionellen Marienklage ein übergang nötig sei,
damit das einlegen der bekannten verse nicht zu deutlich werde. diesen übergang
bewerkstelligt die einleitung.

Die verse E 260, 1—20 und F 5906—25 sind gemeinschaftlich und in zwei
parten, die erste von 6, die zweite von 14 versen zerlegt. mitunter hat F besseren
text. so lauten 5908. 9

     Ich klage is erden unde steinen
     und der werlde alle gemeinne —
gegen E 3. 4 Min klage ist erde unde steine
     und die ganze werlde algemeine —

---

[1] Andreas ist in der spielanweisung vor 5808 nicht erwähnt.
[2] 5853 ist schlecht, denn ließ sollte (: dleppt) im reime stehen.
[3] daſs die vorstellung hier nicht mit den reimpaaren stimmt, folgt zunächst aus den
drei mit demselben reim (hant: gnant: bekant) ausgestalteten versen 5869. 70. 71.
[4] 5891 ist des reimes wegen zu schreiben: mer wuln anders gern mit dir gehen.

Johannes und Petrus singen Plange quasi virgo *etc.* — *Joel* 1, 8, *in* E *auch noch* Plauserunt super me *etc.* — *Jerem. Thr.* 2, 15. *darauf folgt in* E *eine rede des Petrus* 261, 1—9

      Maria můter unde maget,
      niht en wis alsô gar verzaget
      an dem lieben kinde dîn.
      ich wil alleztt bî mînem lieben meister Jesu sin
      und soldich dar umbe lîden grôze pîn.
      ich wil bî in stîchen
      und wil niht von ime wîchen
      und soldich dar umbe lîden grôze nôt,
      ich wolde mit ime ê sterben tôt.

E *Wilken behauptet s.* 77, *nachdem er den anfang von* E *für 'äufserst verworren' erklärt hat:* 'hier finden wir eine Petrusrolle, die erst ein kecker umredactor in bezug auf einen spätern passus in der rolle des Johannes (p. 269, 30 ff) scheint voraufgeschickt zu haben.'¹ *die verse* E 269, 28—39 *lauten*

      wâ ist nû hinne Andreas,
      der ê ein stæter meister was?
      wâ ist nû hinne Petrus?
      der da swûr unde sprach alsus:
      solde ich dar umbe lîden nôt,
      meister, ich gê mit dir in den tôt.
      wâ, wâ ist nû hinne Jacobus?
      wâ ist der werde Philippus?
      wâ sint nû hinne die brûder mîn?
      mûme, wâ sint die vriunde dîn?
      schamet iuch, das ir mich lâzt aleine
      unde die vil werden reine.

gesetzt, die Petrusrolle wäre erst durch diese stelle hervorgerufen worden, warum denn dann aber nicht auch rollen des Andreas, Jacobus, Philippus? wer kann beweisen, dafs E 269, 28—39 *älter seien als die ersten verse des Petrus? Andreas und Petrus kommen in der einleitung der klage* E *ebenfalls vor, worauf ich jedoch wenig gewicht lege. Petrus auch in* O, *ferner beim bruder Philipp* 7820 ff *mit einer weitläuftigen klage. man braucht sich nur an die stellung des Petrus unter den aposteln, ferner an die worte der evangelien zu erinnern, in denen die berufung des Andreas und Petrus erzält wird: Matth.* 4, 18. 19 *Luc.* 5, 2. *Johannes* 1, 35—42.

---

    ¹ *gar nicht verstehe ich die anmerkung dazu:* 'dieser passus erhält durch den nahen bezug zu v. 53—86 des hymnus 'Virgo plorans filium' (bei Mone 1 p. 428) höheres gewicht.' *dort ist übrigens von Thomas und Petrus die rede.*

um zu begreifen, warum gerade diese beiden hier genannt werden. die berufung findet sich sogar in X s. 80, von welchem spiele doch EWilken s. 89 seines buches selbst sagt, es habe fast alle hauptmomente der evangelischen geschichte aufgenommen und X s. 105 folgt Petrus dem heiland von weitem.

Aber — die verse des Petrus fehlen in F. dies zu erklären, könnte wol ein äußerer grund angenommen werden: die rede des Petrus und die folgende des Johannes beginnen mit denselben worten 'Maria muoter unde maget'. überlegt man jedoch den inhalt der Petrusrede, so wird deutlich, weshalb sie in F ausgeschieden wurde. Petrus verspricht hoch und teuer, bei Jesu und Maria bleiben zu wollen, er verschwindet aber und erhält später die erwähnte strafrede. er hat sich arg bloß gestellt und der bearbeiter in F verfuhr schonend mit ihm. ganz klar ist dies dadurch, daß auf die verse des Johannes 5926—35 in F allein sechs verse des Petrus folgen!

Gauck hen, Maria rein
und ruwe din bein!
du hoist hude gegangen were
vor dinem kinde here.
5940 is hilffet nicht uns klagen,
das wel ich dir vor ware sagen.

diese allerdings albernen verse compromittieren den apostelfürsten doch nicht allzusehr und es kann dann ganz gut heißen 'Et sic Petrus recedit', was in E fehlt wie viele spielangaben.

E 261, 20—27 und F 5942—49 sind gemeinsam. daß es in E Maria cantat plangendo und in F Maria plangit et canit heißt, kann wol nicht in rechnung kommen. aber in F herrscht eine eigentümliche auffassung. der unterschied, welcher im beginne der klage geltend gemacht wurde — Maria cantat zuerst und dann dicit — wird durchgehends festgehalten.[1] da nun in der vorlage eine solche einleitung an den meisten stellen mangelt und die überlieferten sätze sich selten gut teilen lassen, hat der bearbeiter in F die dicit-sätze (wenn ich der kürze wegen so sagen darf) frischweg selbst gemacht. sie lassen sich leicht erkennen, da sie nur geistlose umschreibungen der cantat-sätze sind. solcher art ist gleich der nächste 'rigmus' Maria's 5950—57: Johannes frunt, gehe mit mer dan. die mahnung an Johannes ist schlecht angebracht, denn Johannes ist schon den früheren aufforderungen gefolgt und 5942 geht er schon mit Maria. 5953—55 umschreiben nur das bereits gesagte, 5956. 7 sind = 5948. 9.

Johannes cantat E 261, 28. 31 — F 5958—61, eine kurze erwähnung des marterganges, darnach hat F allein 5962—71. hier ist die manipulation, durch

---

[1] dieses streben nach zweiteiligkeit ist in dem älteren gebrauche begründet, den lateinischen text zu singen, die deutsche bearbeitung hingegen zu sprechen.

welche die genannten vier verse zu zehn auseinandergequetscht aber doch wörtlich wiederholt werden, so deutlich, dafs sie keiner weitern besprechung bedarf. es folgt Maria cantat E 261, 32—262, 2 — F 5972—75, nur in F et dicit 5976—83. 5976, 7 sind schon in 5906, 7 gegeben worden, 5980. 1 kehren in den interpolationen öfters wieder. gegen 5982, 3 ist trotz ihrer trivialität nichts einzuwenden, eben so wenig gegen 5979. 80. ich meine, dafs man hier die einschaltung nach analogie der übrigen fälle annehmen müfse. Johannes cantat E 262, 3—6 — F 5984—87.¹ in F allein dicit 5988—97. auch hier ist über die ganz offene umschreibung der cantat-verse nichts zu bemerken. Maria cantat 262, 7—10 — F 5998—6001. nach diesem stückchen hat F keine umschreibung mit dicit, sicher wegen der inhaltslosigkeit der cantat-verse, die weiteres ausdehnen nicht ertragen. es hätte eine eigens anzufertigende composition eingeschoben werden müssen. Johannes cantat E 262, 11—14 — F 6002—5. darauf in F allein mit dicit 6006—6017, welche den auch sonst in den klagen häufig erwähnten grund der erlösung besprechen. man sieht leicht, dafs diese 12 verse, deren erster — 6003 ist, nur aus 6004, 5

hie weste woil sin groisße noit
und sinen bittern doit

entwickelt sind. das in E als Maria cantat 262, 15—22 gegebene stück hat F in zwei teilen: 15—18 — 6018—21 unter Maria cantat, 19—22 — 6022—25 unter et dicit. die letzten verse setzen voraus, dafs die beiden leidtragenden stehen blieben, als Johannes von der marter erzälte, und dafs sie jetzt erst auf Maria's mahnung hin weiter schreiten. die spielordnung in E sagt denn auch unchher: tunc vadunt ante crucem. in F folgt nun eine gröfsere einschaltung, welche, wie die einleitung, den gang zum kreuze weitläufig bespricht. sie hat drei absätze unter: Johannes respondet, Maria respondet und Maria cantat. davon nehmen 6020—29 nur 5958—63 und 5888—91 auf. 6030—37 sind zwar nirgends wörtlich entlehnt, durchaus aber ihrem inhalte nach, während 6038—41 wörtlich — sind 6022—25. die ganze einschaltung ist veranlafst durch die verse 6022—25, welche dem bearbeiter eine ähnliche situation, wie im anfange der klage zu enthalten schienen.

Die zwölf verse E 262, 23—263, 5 bringt F in drei partien zu je vier versen; die erste und zweite unter iterum canit (cantat), die dritte unter dicit rigwum. mit E 263, 6 — F 6054 — man mufs sich die verse von nun an unter dem kreuze gesprochen denken — beginnen die bestandteile der allgemein verbreiteten Marienklage. es werden zunächst folgende nummern in E und F gegeben: I II III VII VIII (fehlt in F)² IX XV IV V, darauf gemeinsam die verse

---

¹ verslm fehlt in F 5985.
² vielleicht kann dieser mangel daraus erklärt werden, dafs der schreiber um vier

E 264, 1—14 = F 6080—93, deren vier letzte eine bearbeitung von VI geben. E hat das ganze stück in einem absatz, F in vier teilen. vor 6090 steht die angabe: hic Maria portat pannum salvatori ipsum cooperiendo.[1] Post hoc plangit mulieres Mare ante crucem.

Von hier ab zeigen sich in der anordnung des gespräches starke unterschiede zwischen E und F. in E folgt auf 264, 14 die szene, in welcher Jesus dem Johannes seine mutter empfiehlt, in 12 versen; darauf eine klage Maria's in 30 versen 264, 27—265, 24. in F dagegen lesen wir nach 6093 — E 264, 14 Maria dicit rigmum und die ersten 14 verse der klage[2] mit einer beachtenswerten variante am schlusse. E 265, 8 heifst:

      Owê! er entuac, er ist dâ hin!
F 6107:
      So troste mich mit den worten din!

dann folgt in F mit Salvator cantat submissa voce die szene zwischen Jesus und Johannes — E 264, 15—26, nach 6115 — E 264, 22 mit einem albernen zusatz:

      Dit liden und dissen toid
      han ich von des menschen woilt.

Daran schliefsen sich die letzten 16 verse der klage 6122—37 — E 265, 9—21. unzweifelhaft ist die anordnung in F besser und E an dieser stelle in verwirrung geraten. die bitte Maria's an den gekreuzigten, er möge doch zu ihr sprechen (wenn E den nächsten vers anders liest, so ist dies darin begründet, dafs in seiner anordnung auf die bitte keine antwort erfolgt), wird in F richtig durch Christi worte erfüllt. auch schliefst sich die klage Maria's über ihre verwaistheit vortrefflich an das gespräch und an das versprechen des Johannes. man könnte gegen diese auffassung allerdings einwenden, dafs E 264, 30 auf die rede Christi hinzuweisen

---

verse tiefer gesehen hat als er sollte und nur den gleichlautenden anfang von IX berücksichtigte. oder es war in diesem versen der tod Christi in zu nahe aussicht gestellt. in 1 hat F falsches: ein in für einin gelesen, bauden für wâne und anewe für bne. E hat allerdings awe für bne, oder none, wie PhH ackernagel will, dagegen hat F 6079 in V das richtige wangen, während E das falsche augen hat, was Hoffmann und PhH ackernagel beibehalten. die sonst noch vorkommenden differenzen sind unbedeutend.

[1] vgl. Morel, lateinische hymnen, nr 42 aus Frankreich v. 16ff:
      Mater, pauco quae civitati
      ante crucem lumbos Christi,
      einge dos ad fortia usw.

sehr wichtig ist diese ceremonie in P. in der predigtlitteratur wird sie häufig besprochen, vgl. nur Birlingers Alemannia, I, 230 aus dem Elsass.

[2] 6100 heifst in F: von dem, der ie mia troist ist gewest. die umstellung, welche den reim (: nugelust) wieder zum vorschein bringt, ist leicht vorzunehmen.

scheine und dafs 265, 8 in F auch könnte umgestaltet worden sein; doch würde
dadurch die hauptschwierigkeit nicht aufgehoben. denn auf E 265, 7 — F 6106
folgt in F richtig die ordnung dieses verhältnisses, in E kommt der vers zu spät.

E und F gemeinsam folgen nun: eine mahnrede des Johannes (E 265, 25 – 266,
1 — F 6138—6151), Marias antwort (E 266, 2 – 9 — F 6152—59) und Christi
wort: Eli Eli etc. zuerst lateinisch, dann in vier versen deutsch. darauf hat
F allein:

Gott vatter schepper min
6165   war umb vorliseestu mich in disser pin?

die nach der übersetzung in 4 versen überflüssig sind und nur dem vorausgeschickten
et dicit ihre entstehung danken. die nächste in F allein vorkommende rede des
Bifus Judeus 6166—6171 ist den evangelien entnommen (Matth. 27, 47 Marc.
15, 35) und findet sich hier, damit der zusammenhang mit dem passionsspiele nicht
vergessen werde.

Es folgt nun wider eine gemeinsame stelle[1], nur in F zu zwei stücken zer-
legt. wie in E nähert sich auch in F dann Maria dem kreuze, indem sie singt:
Anxiatus est etc. - Psalm. 142, 4. dies übersetzt F allein in 2 versen 6183. 4
und fügt, da dieselben noch unter cantat standen ein umschreibendes machwerk
von sechs versen hinzu. E 266, 27- 267, 3 ist — F 6191—96, ebenso die
beiden nächsten verse Christi, denen nur in F eine wiederholung von 6164. 5 unter
dicit folgt.

Die nun zu besprechende partie ist nicht leicht zu übersehen. E hat zunächst
eine grofse klage Marias 267, 6—268, 4. dieselbe findet sich in F, aber in zwei
teilen. nach 6216 — E 267, 23 hat F: Et sic cadit in terram et erit amens.
Tunc salvator cantt tercium 'Hely' ut supra:

Is mufs an mer vollengan,
das die propheten vor gesworen han.

und: Maria iterum canit: O we, o we, ich horet einen ruff, ut supra. Deinde
dicit: und es folgt der zweite teil — E 267, 24 – 268, 4 mit neuer anrede. die
trennenden verse bringt E darnach 268, 5. 6. was nun in E folgt 268, 7—12,
findet sich in F später. gemeinschaftlich sind E 268, 13—20 — F 6234 - 41[2].
F hat nun die mit E gemeinsamen stellen in folgender ordnung:

a 6112—53 — E 271, 4 - 15
b 6254 - 57 — E 271, 20—23

mit differenzen in den beiden letzten versen. darauf in F eine einschaltung:
die juden Amalech und Bifus reichen Christo den essiggetränkten schwamm
6258—67.

[1] erweitert zum teil XVI und nimmt zum andern teil verse der einleitung wieder auf.
[2] vgl. Matth. 5, 20. Luc. 9, 58.

c F 6268—71 *erweitert* E 271, 24. 5
wozu in F noch ein zusatz von 2 versen
In din heude, vatter min,
bevelhe ich ihn geist min.
die in E mit unrecht fehlen.

Nun folgt in F eine große zum passionsspiele gehörige einschaltung. Salomon und Lucifer — in der späteren interpolation 6320—51 sogar Luna und Stellae — sprechen von 6274—6319. von 6352—6395 reicht die Longinusszene. nun folgt und an der rechten stelle:

    d F 6396—6401 — E 268, 7—12 — XII
    e F 6402—6437 — E 268, 21—269, 27
    f F 6438—57 in E unter capitel 269, 28—37 und unter theil 270, 1—8.
    g F 6458—61 — E 270, 31—271—3

in E sind die reden aneinandergefügt in der ordnung: d e f g a b c. zwischen a und b hat E X, was in F nach g folgt.

Die ordnung in F ist die natürliche und richtige, selbstverständlich ist von den interpolationen abzusehen. d — XII bekommt erst sinn, wenn die in E ganz fehlende Longinusszene schon gehört worden war, e die klage Marias ist ausdrücklich als nach dem tode Christi gesprochen zu verstehen, ebenso der erste teil von f, der rede des Johannes. umgekehrt passen die worte des erlösers in E nicht an stellen, denen verse vorangingen, in welchen sein tod vorausgesetzt wurde. die überlieferung, aus welcher E. schöpfte, war somit eine schlecht geordnete und lückenhafte.

Der zweite teil der rede des Johannes F 6450—57 — E 270, 1—9, eine klagende frage an den erlöser, hat in E üble verwirrung hervorgerufen. diese frage bedarf keiner antwort und drückt nur den wunsch des jüngers aus, mit Christo zu sterben. der compositeur von E jedoch hat schlecht verstanden und ohne rücksicht darauf, daß die ermahnung Christi an Johannes schon 264, 15—26 vorkommt, die ganze szene nochmals 271, 9—30 neu hinzugedichtet und zwar sehr kläglich. die verse 11. 12 lauten in der handschrift: myner lieben mueter huter Eyn hueder der lieben mueder myn', was Hoffmann in

    miner lieben mueter hueter,
    ein hueter miner lieben mueter

Ph Wackernagel in

    Myner lieben mueter
    eyn getruwer hueter

gebessert hat. ich möchte jede änderung für unnötig halten und glauben, daß die schlechtigkeit dieser verse ein beweis mehr für den späten ursprung der interpolation sei. — die verse 15. 6 sind — 264, 19. 20, auch 17—26 geben nur 264, 23—26 auseinandergezerrt wieder. Marias antwort 27—30 ist ihrer ganz unwürdig und stimmt gar nicht zu dem spätern X. viel angemessener drückt sie sich doch 272, 11—14 aus. nach X hat F wieder eine einschaltung 6461—71. die rede des centurio.[1] F 6475—78 = E 271, 26—29 sind = XVII.[2] den schluß der klage haben beide stücke gemeinsam in drei absätzen: F 6479— 6496 = E 272, 1—10.

Hiemit endigt die übereinstimmung zwischen E und F. die darstellung der resurrection ist in beiden vollständig verschieden und beruht auf differierenden grundlagen. — das verhältnis von E zur Marienklage in F ist folgendes: der text der vorlage war E und F gemeinsam, aber E hatte ein schlechtes exemplar, das vielfach in unordnung geraten, wahrscheinlich auch jünger war. der mittelhochdeutsche text bei Hoffman, den ich als den gewöhnlich citierten beibehalten habe, darf nicht für E einnehmen, denn er ist gegen die handschrift hergestellt, wie der abdruck desselben bei Ph Wackernagel zeigt.

G. Ich halte die angaben Weigands s. 549 nicht für hinreichend, um darauf hin über das verhältnis von F zu G bestimmt urteilen zu können. gewiß aber ist, daß nach der notiz: 'das stück der Grofser immer vnd kluge anfangenden langen Marienklage, welches nach HZ III, 479 in der Alsfelder handschrift ausgelassen ist, fehlt in der Friedberger handschrift nicht' G dem texte von E. näher steht als dem von F. oder sollte der bearbeiter von F aus dem stücke, dessen auszug G ist und das auch ihm vorgelegen, die irrtümliche wiederholung der szene zwischen Jesus und Johannes gestrichen haben, während G sie beibehielt? die erstere auffassung würde dadurch nicht widerlegt, daß G und F die fassung: herze brich, swert nû stich gegen das in E vorhandene: herze brich, kint nû sprich gemein nun haben. entscheidung könnte erst durch genauere kenntnis von G gebracht werden.

H. Die nahe verwandtschaft dieser dirigierrolle mit G, folglich auch mit F und E ist unzweifelhaft, obgleich in nicht unwichtigen dingen bedeutende differenzen herschen und auf hohes alter der quelle von H deuten. jedenfalls ist die Marienklage hier ganz anders behandelt worden als in F und G. nach der angabe

---

[1] fehlt nach 6468 ein vers?

[2] F 6475 heifst es min schepper ist toid (E 271, 26 er ist tôt), weil vorher der centurio gesprochen hat, in E aber Christus. die letztere version scheint mir die richtigere. allerdings würde dann vorausgesetzt, daß die stelle sich an die letzten worte Christi unmittelbar anschliefsen habe. darauf scheint auch H hinzuweisen. — F 6478 in minem herren, E 271, 29 alleine. — E 271, 29 alleine. — E 272, 4 heifst es: nû swie! sich! die handschrift hat: nu (wych fych. in F ist swie aus gefallen. — in F redet Johannes Maria meist mit muoter an, in C mit mumme. — der letzte absatz der klage in EF bildet, wenn man im 1. verse vor jadeuscher noch ein adjectivum einschaltet, eine Nibelungenstrophe.

s. 150 *wird von Maria zuerst gesagt:* iam panno circumdabit Jhesum, *während die soldaten um Christi kleider würfeln, heifst es dann:* statim dicat Maria Auwe mir innecliche auwe. *nach dem gespräch mit dem schächer lesen wir:* Cum hec dixerit Jhesus aspiciens matrem eius dicat Mulier ecce filius tuus.

  nu sich vrouwe muter min,
  din son sal nu Johannes sin.

item dicat Johanni

  Johannes nim in lieber gir
  Marien nu zu mudir dir.

nach dem tode Christi folgt die szene mit dem centurio und dann die des Longinus, nach welcher es s. 151 heifst: 'Et Maria mater Domini planctum incipiat qui sequitur: Auwe mir armen etc. Maria post planctum dicat: Ey cruce!' *es folgt die grablegung, bei der Maria nicht erwähnt wird und die auferstehung. aus diesen angaben ist zu schliefsen, dafs die Marienrolle dieses stückes unbedeutend war, ein gespräch mit Jesus und Johannes nicht enthielt und auf eine durch* incipiat planctum *angezeigte lyrische klage beschränkt wurde. bestimmte nachweisungen lassen sich für die citierten anfangsworte durchaus nicht geben. auch das* Ey cruce *kann nicht mit sicherheit an das sonst vorkommende* Flecte ramos arbor alta *geknüpft werden.*

H *steht hier mit einer eigentümlichen, (älteren und) ärmeren fassung allein gegen* E, F *und* G.

1 *beginnt mit einer anrede des Johannes an die volksmenge* (EFOUV). *Maria bittet den Johannes in* 4 *versen, sie an die stätte der kreuzigung zu führen, Johannes antwortet gleichfalls in* 4 *versen, welche erwähnen, dafs Christus ans kreuz geschlagen worden sei. es folgt* XIV, *dann Jesus cantat:* Eli etc., *darauf s.* 282, 1—12 *eine klage Marias. davon sind die beiden ersten verse —* XVI, 6 *stammt aus* XV, 7—10 *stehen ähnlich* E 262, 27—263, 1. *die beiden ersten der folgenden* 4 *verse sind =* E 262, 9. 10. *Johannes antwortet* 4 *verse, die ich mit ausnahme des letzten, der =* ist E 267, 6—8 *sonst nicht nachweisen kann. Maria cantat nun* 282, 21—23 *drei verse, zu denen man* E 264, 3*f vergleichen möge. Jesus überantwortet nun in den einfachsten worten* 24—27 *Marin dem Johannes. darauf antwortet Johannes* 283, 1—3, *was an* E 270, 19*ff gemahnt. es folgen Marias verse* II III (1 *fehlt*), *dann* Mi Johannes planctum nove *mit einer übersetzung in* 8 *versen, worauf Johannes spricht:*

  O Maria stella maris
  cur tam grave contristaris etc.

der erste vers ist auch sonst bekannt (Mehrein Lat. sequenzen nr 260), *aber soll damit eine neue fortsetzung des* Planctus ante nescia *angedeutet werden? in* C *lautet des Johannes antwort anders.*

Man sieht, dafs diese klage überaus einfach ist, nur ein kleines stück von den
gemeinsamen versen enthält sie. auch die worte Christi sind auf das nötigste be-
schränkt. an mehreren stellen findet auffallende übereinstimmung mit E statt. in
welchem verhältnisse stehen nun die beiden stücke? ist I eine verkürzte, verstümmelte
bearbeitung von E, oder E eine erweiterte von I oder — und dies dünkt mich
das wahrscheinlichste — ist I aus einem stücke verkürzt, welches für E (ob direct?)
vorlage gewesen war? die handschriften von I und E stammen beide aus dem
xv jahrhundert. auf einen umstand will ich aufmerksam machen: I enthält unter
31 reimpaaren folgende sechs ungenaue: stat: hânt 281, 9; stimme: klingen
282 3; ôwê: gên (inf.) 282, 11; reine: beide 282, 17; benget: rennet 282, 21;
enwil: bevilh 282, 26. — E dagegen unter 200 reimpaaren 27 ungenaue, darunter
12 mit überschlagendem n, 4 mit länge und kürze des vocals und nur 11, die
hier in betracht kommen können. also ein verhältnis der ungenauigkeiten wie
2 : 1. sind nun diese ungenauen reime in I als frühe oder späte rohheiten auf-
zufassen? ich möchte glauben als frühe und I für weit älter denn E halten.

Die eben besprochenen stücke bildeten mit E eine gruppe. die reihe, welche
ich nun vorzuführen habe, vereint eigentümliche verse der stücke D und E. daraus
darf freilich nicht geschlossen werden, dafs D und E in ihnen zusammengearbeitet
seien. da D nur der mittlere teil einer gröfseren Marienklage ist und die verse,
welche in den folgenden stücken als E eigentümlich bezeichnet werden, durchaus in
den anfang der Marienklage gehören, so ist es möglich, in der vollständigen vorlage
von D die quelle dieser stücke zu sehen. die D eigentümlichen verse finden sich
dagegen in der mitte, im verlaufe der stücke, sie sind in E fortgelassen oder um-
gearbeitet worden und wir müfsen daher diesen stücken nähere verwandtschaft zu
D als zu E zuschreiben. allerdings könnte, was mir aus mehreren gründen jedoch
nicht wahrscheinlich ist, auch angenommen werden, die D eigenen verse seien zutat
an stelle der fortgelassenen verse aus E; jedenfalls bliebe das verwandtschaftsver-
hältnis von LMNOP zu D und E dasselbe.

Ich schiebe vorher ein stück ein, welches nicht zu den Marienklagen im engeren
sinne gehört, aber wegen übereinstimmung einer stelle mit F und L merkwürdig
und den übergang zu machen geeignet ist. K ist die grablegung Christi des Matthias
Gundelfinger aus Luzern und stammt aus dem jahre 1494. im anfange ist die
handschrift mangelhaft, wie Mone s. 119 angibt. leider erwähnt er nicht, wie viele
blätter etwa fehlen können. die ersten 30 verse bilden ein gespräch zwischen Maria
und Johannes (gehören die ersten 4 verse dem Johannes oder einer der drei Marien?),
welches sich stark an die gewöhnlichen verse der Marienklagen lehnt. es kann
daher vermutet werden, dafs der grablegung, welche mit v. 31 beginnt, wie in

BEO eine *Marienklage* vorangieng. die grablegung scheint selbständig bis auf eine
sonderbare stelle. *Maria spricht zu Johannes* 199—202.

   Johannes thū, was ich beger,
   gib mir min todes kind daher,
   lauß mich es handlen also tond
   und küssen sine tiefen wunden rout.

diese verse sind fast wörtlich gleich F 6671—4. *nach einigen worten des Johannes,
die in* K *die bitte enthalten den leichnam der Maria zu bringen, in* F *die abnahme
vom kreuze anzeigen, wird Marien der leichnam in den schoß gelegt. sie küßt das
blutige haupt und klagt* 209—236. *die drei ersten verse lauten:*

   Biß wilkomen, toudter lychnam zart!
   wen auch nauch diner unsterblicher art

die beiden ersten in F 6703, 4:

   Bis wilkom, ein licham zart,
   Geborn von miner menschliches art!

in L. 287, l. 2

   Bis mir wilkumen, lichnam zart,
   geborn von junckfröulicher art.

die übereinstimmung zwischen K *und* L *hat hier schon ein ende*[1]. *dagegen mit* F
geht sie noch fort. F 6705, 6 *die reime* uſserkorn: geborn, *hier* 211, 12 geborn:
verlorn. K 213, 14:

   grouß froud wart mir da offenbar,
   da ich dich maget hie gebar.

— F 6707, 8. K 215, 6 *sind eingeschaltet, dann aber* 217—220

   nun sich ich an die, sune min,
   das mir naintz bringt dann grousse pin;
   war ich dich her oder wend,
   so sich ich grouß laid on end.

fast wörtlich in F 6709—12. *hier endet die wörtliche übereinstimmung in der
rede Marias. die antwort des Joseph hat in* K *und* F *denselben gedankengang.
nur die rede des Johannes* K 237—40 *stimmt fast wörtlich zu* F 6769—72. *was
sonst noch als übereinstimmend bezeichnet werden könnte, beruht nur auf der
gleichheit der situation. Gundelfinger hat also* F *oder vielmehr dessen vorlage gekannt.*

L. Die untersuchung dieses stückes wird leider dadurch erschwert, das Bartsch
in seinen schätzbaren mittrilungen sich zu sehr beschränkt und manches, das zu

---

[1] allerdings scheinen F 6733 ff und L 287, 13 ff noch zu stimmen. allein beide versikel stehen in so verschiedener verbindung und die phrase, welche sie enthalten, kommt auch sonst so oft vor, daſs ich nicht wage, hier verwandtschaft bestimmt anzunehmen. in K 285, 1 — F 6464 ist die übereinstimmung nur durch benutzung derselben bibelstelle begründet.

kommen sehr wünschenswert wäre, fortgelassen hat. ich berücksichtige nicht das
passionsspiel selbst, sondern nur die Marienklage in demselben und vernachlässige
außerdem noch, zum teil mit Bartsch, die stellen, welche des passionsspieles wegen
in die alte klage eingeschaltet wurden. — der zweite spieltag schließt mit einer
rede des conclusors, in welcher s. 280, 3. 4 zwei verse vorkommen:

  der muoz sin gar versteinet,
  der hiut den tac niht weinet usw.

die sich in F 5979. 80 und V s. 120 wiederfinden. am dritten spieltag gibt es
zunächst ein gespräch Marias mit ihrem 'eham' Johannes. während Jesu das kreuz
aufgelegt wird, klagen die drei Marien. schon dieser umstand weist das stück
unserer gruppe zu. von Johannes benachrichtigt, geht Maria ad locum stationis
und singt (mit musikzeichen) XIV. auch Johannes klagt (?). Maria singt vier
verse — E. 261, 32 - 262, 2. die nächsten vier verse des Johannes sollen wol
E. 261, 28—31 wiedergeben. Finito Maria dicit vier verse, die aus den vorher-
gehenden componiert sind. Johannes respondet vier verse, die aus E. 262, 11;
5. 6 zusammengearbeitet wurden.[1] das nächste gespräch Marias und Johannes
282, 1—8 lehnt sich gleichfalls an E. 262, 18. 19; 13. 14. die verse Marias
5—11 finden sich nicht in E. alt sind auch die verse 283, 1—8. es folgen nun
unter incipit plangere mit noten: I II III. die verse des Caiphas und der Maria
20—35 sind spät. dagegen klagt Maria, nachdem die soldaten über die kleider
geworfelt haben XV V IV. Jesus empfiehlt dem Johannes Maria und dieser den
Johannes. darauf VI. die verse des Johannes 284, 1—16 sind nicht alt, wenn
auch 5—12 nur aus der Marienklage umgearbeitet sind. Deinde plangit Maria
cantando 17—26 — D 41—44. der ersten hälfte von IX und einem bruchstück
von D 76. 7 nach Finito dicit folgen 6 verse, der reihe nach — D 83. 84.[2]
96. 92. nach dem tode Christi 285, 1—12 unten — XI XVII und dann V, diesmal
aber in einer bearbeitung, welche die ursprüngliche form aufhebt. nach der szene
mit Longinus singt Maria XII X mit einer eigentümlichen variante und VII. die
verse 19—32 finden sich im Mone'schen druck des spiegels (ano. s. 227) 525—31
und 559. 60 ich spreche noch später darüber. die klage Marias, als Christus vom
kreuze abgenommen worden, habe ich schon früher erwähnt. die folgenden verse
des Nicodemus sind nicht alt.[3] dagegen sind die verse Marias 287, 33—47 alt

---

[1] im letzten verse hat die handschrift than, was Bartsch für einen versuch des bear-
beiters hält, den ihm anstößigen rührenden reim hân : hân (= hâhen) wegzuschaffen,
allein E. zeigt, daß hier stân hätte stehen sollen.

[2] bridlu grôz unde ouch kleine ist nur eine schlechte fassung.

[3] wenn Bartsch seine behauptung, das Nicodemusstückchen sei älter, auf die verse
31. 2 stützt, die bei Pichler s. 57 vorkommen, so ist dies keine sichere stütze, denn diese
beiden verse finden sich nicht nur an ganz fremden stellen F 6585 f, 6593 f usw. —
sondern auch ganz häufig in legenden.

und geben (besser geordnet) folgende verse von D wieder: 83. 84 (zum 2. male)
85. 86. 94. 95. 96. 90. 91. 92. 93. 87. 88. 89. damit endigt die Marienklage.
ich mufs noch erwähnen, dafs die auferstehungsscene manches mit den entsprechen-
den versen in E nahe verwandte hat, obschon auch dies in mangelhafter und un-
genauer aufzeichnung.

Grundlage von L war nicht D, aber auch nuf E, also wol auf eine vorlage
D + E kommen beziehungen vor und endlich ist ein stück aus dem spiegel auf-
genommen worden. — Bartsch nimmt s. 296 an, dafs im dritten teile von L zwei
Marienklagen, eine ober- und eine mitteldeutsche zusammengearbeitet worden seien.
es werden reime für diese differenz angeführt, aber, wie ich meine, nicht in zwingen-
der weise. warum soll 261, 11 nicht klagen geschrieben werden? 281, 18 hân —
hâhen habe ich weggeschafft. dafs verse wiederholt werden, braucht nicht auf zwei
quellen schliefsen zu lassen und kommt in den meisten klagen vor. ich möchte
meinen, Bartsch sei dadurch, dafs er die tradition zwar bruchstückweise aber nicht
im ganzen übersehen hat, zu dieser hypothese veranlafst worden.

M. Dieses stück steht in ganz engen beziehungen zu L. Maria spricht 1—12.
1. 2 gestalten D 92. 3 an, 3. 4 erinnern an III, 5—8 sind = L 281, 11—14,
9. 10 = XVI, 11. 12 entsprechen der ersten hälfte von XV. die nächsten vier
verse gehören offenbar dem Johannes, sie sind = E 261, 28—31, also genauer
als in L. in dem nun folgenden gespräch zwischen Maria und Johannes mahnen
nur die verse 30—31 an L 282, 1—4, die worte des Johannes 35—38 und die
beiden ersten verse Maria's 39f sind = L 282, 5—10. M 41—54 sind dem
stücke eigen, beruhen jedoch wenigstens in ihrem letzten teile auf sonst vorkommen-
den versen D 85 ff L 287, 9. 10. die verse des Johannes 55—58 sind übel
zugerichtet und es ist nicht zu erkennen, ob sie auf bestimmte vorlagen zurück-
gehen. nun beginnt die lyrische klage Marias. 59—62 sind = den aus D stam-
menden eingangsversen, die auch in L sich finden. 63—82 bearbeiten durchaus
bekannte gedanken. 83—106 sind = I II III XV V IV. 106—116 enthalten in
der kürze, was E 268, 21—269, 27 bringen. es folgen VI XII X mit der variante
von L, und VII. sodann die stelle des spiegel, welche in L aufgenommen ist bis auf
die beiden letzten verse; sie reicht in M von 135—146. in M aber dauern die
citate aus dem spiegel fort. 147—162 sind = spiegel 537—552. 553, 4 werden
weggelassen. M 163—172 sind = spiegel 555—562, wobei nur M 165, 6 ein-
geschaltet sind. dann folgen 173—176 XI; 177—180 = E 266, 27—267, 3;
181—184 = VIII; 185—188 = XVIII.[1] es folgen nun in den versen 189—214

---

[1] diese nummer ist nachgebildet den versen:
moreris et morior
cruciaris crucior.

die verse des spiegel 567—570, 585—588, 591—598, 621—630; *die vier letzten verse variieren nur das vorhergehende.* M 215—266 enthalten, mit ausnahme von 217—220, die sonstigen Johannesversen nachgebildet sind. und 241—248,[1] die in den gewöhnlichen phrasen das versprechen der himmelfahrt Mariens wiedergeben, die verse des spiegels: 647. 8. 657—678, 655. 6, 709—724, die letzte partie mit leichten änderungen. die antwort des Johannes 267—278 ist nur dem ausdrücken der rede Christi schlecht nachgebildet. die letzten worte Christi erweitern die verse des spiegels 781—788. hierauf noch eine kleine rede Marias 291—303, bestehend aus XVII IX und drei mislungenen, hier ganz unpassenden schlufsversen.

M ist somit eine fortbildung von I. in der weise, dafs die contamination der alten Marienklage mit dem spiegel stark erweitert wird — von den 303 versen in M gehören 112 wörtlich dem spiegel, etwa 30 sind daraus bearbeitet.

N gehört gleichfalls zu dieser gruppe. Schultz hat die drei bruchstücke dieser Marienklage — denn einer solchen gehören sie an und nicht einem passionsspiele — in der ordnung B[1] B[2] A[2] abdrucken lassen. B[1] enthält zunächst fehlerhaft die beiden verse des Johannes — E 265, 25 f. die auch in B T U vorkommen, zweimal hintereinander.[1] die nächsten verse des Johannes 5—8 setzen voraus, dafs die szene mit Jesus schon vorüber sei, Maria dicit 9—13, was teils dem vorangegangenen entnommen, teils aus den in E später eingeschobenen versen 270, 21—26 zusammengedoppelt ist. es folgen XV IV XII, alles verstümmelt. B[2] enthält zuerst 6 verse, die ich nicht nachweisen kann, deren einzelne ausdrücke aber sehr häufig sind. 7—12 sind — N aber mit der L und M eigenen variante, welche für die verwandtschaft entscheidet. zunächst 13—18 — V und das eben vorhin in M aufgezeigte E 266, 27—267, 3. dann XI. Jhesus cantat: In manus tuas domine commendo etc. davon folgt nun eine deutsche übertragung, die ganz verstümmelt ist, aber doch noch deutlich auf den spiegel weist. die verse 781, 2 sind benutzt und der rest 'von mir haben' ist wol durch den überhaupt dummen schreiber aus dem 'mir nahet' spiegel 786 verunstaltet. in den resten der 3 ersten verse von A[2] sind 2. 3 — M 43. 44. 4—7 — IX, 8—12 — XVII mit dem M eigentümlichen zusatze. es folgt I und das nächste lehnt sich an E 269, 2 ff.

N war also eine compilation ganz in der art von M und mit demselben und L enge verbunden. ob es aus einer (mit kleinen verschiedenheiten ausgestalteten)

---

pateris et patior,
iterum volo mori,

die in dem bei Mone I, 42 mitgeteilten Planctus die verse 17—20 ausmachen.

[1] aber auch hier sind 243. 4 — spiegel 649. 50.

[2] wenn man nicht etwa annehmen will, dafs sie das erstemal zu einem cantat, das zweite mal zu einem dicht-stücke gehören.

handschrift von M selbst geflossen ist, wage ich nicht bestimmt zu behaupten.
LMN bilden die böhmisch-schlesische gruppe.

OP. Ich hebe sogleich hervor, dafs diese stücke mehrere ihnen eigne verse
gemeinsam haben, so dafs also auf eine vorlage für beide geschlossen werden mufs.
O 37—40 lauten:
                Johannes, min vil leve ôm,
                wat is, dat dâr hanget an dem bôm?
                wer isset, eyn minsche edder ein worm?
                it windet sik unde drivet groten storm.

P 185—188 dagegen:
                Ser Johannes leve ôm,
                wat ye gehanget vor uns an den bôm?
                ys yd enn mynsche edder enn worm?
                id wyndet sik in den neghelen unde drift groten storm. [1]

O 47—50:
                Wenet, gy truwen swesteren (min)
                un helpet my armen trôrich sin,
                helpet my klagen min leid,
                min nôt de is worden breit
                unde mines herten pin.

P 249—252:
                Weynet, gy truwen susteren myn,
                helpet my armen drovych syn
                unde klagen myne not.
                Myn kummer ys worden grot
                umme mynes kyndes dôt.

ferner O 41 P 772, O 41 f P 190 f O 164 ff P 305 ff. die lateinischen verse
Heu quantus luctus etc. hat O nach 50, P 257 ff. Nam auctor lucis O nach 67,

---
[1] *Psalm* 21, 7 vgl. in *Griesbaber's deutschen predigten* II, 122: Ego sum vermis non
homo, er sprichet Ich bin ain warm und niht ain mensch usw. in einem späten hymnus,
Mone lat. hymn. II, 137:
                Recordare quod ut vermis
                ligni tener et inermis
                in altum erigitur.
bemerkenswert scheinen die ähnlichen stellen im alten *Passional* Hahn 72, 6 ff. 74, 9. 10
                Ô wê, dû wart im sêre wê,
                wande in betwanc ein better sturm,
                daz er sich want als ein wurm,
                der dâ gespizzet wære.
auch E 267, 14. 5.

P 251 ff. P hat 734 ff mehrere verse aus Crux fidelis inter omnes, in O heifst es wenigstens: Hic incipit ludus passionis domini nostri Jesu Christi et debet cantari post crux fidelis etc.

Aber die übereinstimmung zwischen O und P erstreckt sich nicht weiter, als die angeführten stellen dartun. die anlage beider stücke ist verschieden. O hat keine spielordnung P eine sehr genaue. nach ein paar in musik gesetzten bibelversen hat O die von Johannes gesprochene einleitung von zehn versen und versetzt dann sogleich mitten in die sache dadurch, dafs bis zur ersten gemeinsamen stelle ein gespräch zwischen Maria und Johannes in 26 versen gebracht wird. 13. 14 nehmen Christi worte anachronistisch voraus, 19—21 sind = M 35—38 und sehr ähnlich L 282, 5—8. von der rede Marias 22—35 finden sich 22. 3 in M 39. 40, 24—27 in M 49—52, 28—33 im spiegel 547—552, vgl. auch E 267, 22—25. in P dagegen eröffnet (wie in V) die klage Johannes' mit einer weitläuftigen genauen erzählung vom leiden Christi in 129 versen, knüpft daran ein pater noster und eine kurze ermahnung an das volk. von 132—159 währt das eingangsgespräch zwischen Johannes und Maria, welches 160—175 bruchstücke von XIV und XVII, 181—184 anklänge an E 267, 26 f enthält. schon 132 findet sich: Anxiatus est in me spiritus meus (Psalm 142, 4), was in O erst nach der gemeinsamen stelle folgt. 144 wird psalm 6, 3. 4 von Maria angestimmt. in der Johannesrolle ist ganz eigentümlich das motiv, dafs der evangelist sich fürchtet, Christum zu verraten, wie Petrus es getan hatte. Maria mufs ihn deshalb besonders ermahnen. nun die schon citierte gemeinsame stelle.

Im aufbau des folgenden stückes weisen O und P die gröfsten verschiedenheiten auf. vor allem ist O um vieles dürftiger als P. Prima und Secunda Maria treten in O sogleich auf, in P erst nach einem gespräch mit Jesu 257—298. in O folgt darauf eine ganz eigentümliche, sonst nirgends vorkommende szene. durch die neunierten verse 83—116 bittet Maria Christum, dafs er den sündern vergebe. 117—126 weigert sich Christus, die erneute bitte Marias 127—131 gewährt er 135—139. darnach unmittelbar die worte Christi, mit denen er Maria dem evangelisten anvertraut, was in P erst 520—526 und 558—566 steht. Jesus stirbt in O sogleich 160. 1. Maria spricht die erste hälfte von XVII und es folgt ein klagendes zwiegespräch zwischen Maria und Johannes 161—219, worin Maria allerdings 207 f = 139 f

> Eia, herteleve kint, nu sprik,
> wene berelestu nu mik?

— M 213. 4 Christum fragt, sogleich darauf aber mit ihren worten 214. 5

> Nu hebbe ik elende maget
> allen minen trost an minem arm,
> nu bin ik leider also arm
> an dussem elende

in verbindung mit der anordnung: sumit crucem in brachium den tod des erlösers voraussetzt. 250—259 klage des Petrus darüber, daſs er Christum verlaugnete, 260—297 klage der Maria Magdalena. Nicodemus 298—307 und Joseph 314—325 raten, Christum zu begraben, worauf Maria 308—313 ablehnend, 320—329 zustimmend erwiedert. es folgt nun eine groſse klage Marias 330—396, jedoch wiederholn 330—347 nur kaum passend 211—228. 348—396 bringen bis 365 nur die üblichen gedanken. 385. 6 sind = 55. 6, während 390 ff wie E 268, 25 ff die sendung Gabriels vergleichend erwähnen.[1] nachdem Johannes 397—400 gesprochen, erwiedert Maria 401—420. davon sind die ersten vier verse = 181—184. 415. 6 = VIII. abermals mahnt Johannes 421—426, worauf in der klage Marias 427—445 die traditionellen versikel in dieser ordnung folgen: I II III XII VIII XVIII. diese stücke sind neumiert. die fortsetzung der klage 446—456 ist D 83 ff entnommen. Johannes schlieſst mit 457—464, indem er an die aufgabe des erlösungstodes erinnert. O ist demnach eine kirchliche Marienklage, welche zu der von D's vorlage ausgehenden familie gehört, mit M und dem spiegel in beziehungen steht und die üblichen verse nur in den schluſs aufgenommen hat. sie zeichnet sich durch zwei frei hinzugedichtete eigentümliche scenen aus, die nicht unpoetisch erfunden und nicht geschmacklos dargestellt sind. die verwandtschaft mit P mag auf einer vorlage beruhen, in welcher die gemeinschaftlichen OP eigenen und die traditionellen verse sich fanden; die groſsen unterschiede zwischen beiden stücken sind meist der tätigkeit des verfassers von P zuzuschreiben, der schreiber von O beschränkte sich mehr.

Auf die gemeinsame stelle in P folgt zunächst ein gespräch zwischen Johannes und Maria 190—201, für welches analogien sich kaum auffinden lassen. Maria spricht hierauf eine umarbeitung von XVII, an welche sich, gleichfalls verändert, die stelle E 262, 27—29 schlieſst. 212—215 enthalten nur die gewöhnlichen ausrufungen. Jesus spricht 218—232, von denen 218—225 eine übertragung aus den improperien der Charfreitagsmesse bilden, wie schon v. Liliencron anmerkt, 226—232 aber eine klage, anknüpfend an Matth. 8, 20 und Luc. 9, 58 wie E 268, 13—20 enthalten. hierauf cantat Maria XVI. die folgenden verse sind in verschiedenen stücken überaus häufig, es kann ihnen aber keine bestimmte quelle zugewiesen werden. ebenso 242—247. 248—252 sind schon als mit O gemeinschaftlich erwähnt. Maria Magdalena und die mutter des evangelisten Johannes klagen 253—298, nur die lateinischen stellen daraus finden sich in O. die verse Marias 299—304 wiederholen 242—247. 305—311 scheinen eine bearbeitung des

---

[1] diese erwähnung in E wie der ganze gedankengang daselbst stimmen auffallend mit einer zuerst von Neale, dann von Kehrein latein. sequenzen nr 229 s. 180 gedruckten groſsen sequenz, welche die ganze passionsgeschichte begreift und noch die grablegung enthält.

Mi Johannes, planctum move. wie in den dicit-versen von F wird 312—321 das vorhergehende umschrieben. das lateinische bruchstück Tristor et cuncti tristantur 322—328 wird 329—335 übersetzt. die verse des Johannes 336—345 nehmen nur das von Maria vorher gesagte auf. die beiden Marien sprechen nun sechs verse des Stabat mater. die folgende grofse klage Marias 351—125 ist mit genauer vorschrift der mimischen acte, die bei der declamation vorzunehmen sind, ausgestattet, ja es sind die stellungen der sprecherin sorgfältig angemerkt. die verse selbst sind keineswegs neu. schon hier beginnen die merkwürdigen nachbildungen der sequenzenmasse. so haben 351—363 das reimschema a a b b c d d e e c. 364—375 a a b b c d d e e c e. 371—5 sind aus X umgearbeitet. 376—399 — a a¹ b c c d d b e e f g g g f h h b i k k h i². darin sind VI X VIII (E 266, 26 ff) IX zusammengearbeitet. 400—421 sind in den gewöhnlichen reimpaaren abgefafst, geben gröfstenteils E 269, 2—20 wieder, enthalten aber gegen den schlufs auch neues wie die verse, in welchen Marin Christum bedecken will. 422—425 enthält eine aufforderung an Maria Magdalena, welcher diese in den versen 126—462, die wol alle ihr gehören, nachkommt. 126—435 nehmen alte Marienverse auf, zum teil wörtlich: 430. 1 — 211. 5. merkwürdig sind durch ihren bau 436—450 nach dem reimschema: a a a b b b b c c c c c c c (c ist klingender reim). 451—462 haben wieder die gewöhnlichen reimpaare. die klage Marias 463—180 bearbeitet eigentlich wieder nur VI, das überhaupt in P 377, 466, 472, 471, 570, 711 vorkommt. es ist damit stets eine ceremonie verbunden, in welcher der den Johannes darstellende jüngling Marien wärklich ein schwert an die brust hält. unter Johannis cantat 481—490 (a a b b c d d e e c) neue verse et dicit 491—496, welche nur 329—325 umgeformt wiederholen. hierauf spricht Maria die nummern XV IV und bruchstücke von X XIV. es folgt ein gespräch zwischen Christus, Maria und Johannes 509—622, zwar in origineller fassung, aber ohne originelle gedanken. nur 520 gibt E 265, 5 wörtlich wieder, während die umgebenden verse schon in P selbst mehrmals vorgekommen sind. nach Christi tode wiederholt Maria dreimal den ersten vers von XVII

o wy o we uu is he dot!

von Maria Magdalena, Maria Johannis und Johannes selbst immer mit tröstenden worten erhoben. die wolgeordnete abwechslung, welche hierbei herrscht, scheint mir bezeichnend für den charakter des stückes. Maria spricht nun 636—643 — XVII und IX, dieses mit dem für die gruppe M charakteristischen zusatze. Johannes erwiedert die stereotypen trostesworte, Maria spricht XII — 648—653. 654. 5 stammt wieder aus 329—335. darauf folgt von Maria III und einige verse, deren

---

[1] die ungleichförmigkeit, durch welche vor b hier nur ein reimpaar steht, hat wol ihren anlass in einem versehen des schreibers, welches der ähnliche reim hervorgerufen hat.

[2] der einzelne vers, welcher die reimpaare unterbricht, hat stets klingenden ausgang.

letzter auf 143 zurückgeht. die verse Maria Magdalenas 604—679, worin die
zeichen beim tode Christi geschildert werden, folgen den evangelien (auch dem Nicodemi?) Maria spricht VII und dann unter dicit abermals eine composition von
vier versen, die mit dem M-zusatze von IX endigt. von ihrer klage, die zweimal
gesungen werden muß und von 690—705 reicht, sind 690—693 eine neue bearbeitung von VI, darauf folgen XI VIII und XVIII. bloß um VI dreht sich die
nächste klage Marias 706—721. was mater Johannis spricht 722—733, ist gebaut
nach dem schema a a a b b b b b c c d d aber gar nicht weiter bemerkenswert. nach
dem Flecte ramos arbor alta aus Crux fidelis, folgt eine bearbeitung.[1]

Johannes faßt 750—800 nochmals alle trostgründe zusammen.[2] nach einer
kurzen entwort Marias folgt deren planctus ultimus, quem facit hina vier[3] und
der nur eine bearbeitung des Mi Johannes planctum move, das schon 305 ff übertragen wurde, enthält. mit 815—830 wird das tuch abgelöst, nach einer letzten
trostrede des Johannes wendet sich Maria zu dem todten Christus und schließt mit
dem versprechen, sie wolle nun dem Johannes gehorsam sein, wie dies auch in E.
und den damit zusammenhängenden stücken sich findet. die gebete am ende sind
für unsern zweck unwichtig.

Die Bordesholmer Marienklage ist eine der reichsten und schönsten. weist sie
auch öfters auf eine in letzter linie mit E. zusammenhängende quelle, so ist sie
doch (außer mit O) zunächst mit M verwandt. ganz und gar ihr eigen ist das
einflechten verschiedener lateinischer hymnen und sequenzen mit den zugehörigen
übertragungen. die überaus genaue spielordnung, welche auch die beschaffenheit der
gewänder bestimmt, die zahlreichen mit der musikalischen composition enge verknüpften
wiederholungen geben ihr einen eigenthümlichen charakter und lassen sie fast als die
oper unter den Marienklagen erscheinen. das stück ist in der kirche aufgeführt
worden. das crucifix hat in den meisten scenen die stelle des lebenden Christus,
der gespielt wird, zu vertreten; es steht aber sicher auf der äußersten grenze des
in der kirche möglichen und bildet den übergang zum populären passionsspiel.

Q. Die ersten drei verse dieses bruchstückes lauten:

    Owe hertzliches kind, owe!
    owe min lip, min sel verwundet ist
    von dim tode, süßer Crist!

---

[1] vgl. HZ X, 33, 3 ff.

[2] zu 772. 3. dieses motiv wird auch in den hymnen verwendet Mone III nr 701
v. 9. 10

    quem facto super pectore
    iam facis recumbere.

[3] ultimus, d.h. das letzte stück, welches gesungen wird: den folgenden versen mag
man leicht ansehen, daß sie gesprochen wurden.

ob sie von Maria, Christi mutter gesprochen werden sollen, könnte nach ihrem inhalte zweifelhaft sein; im folgenden aber wird keine andere person erwähnt. unter der überschrift Maria cantat folgen VI V IX und noch vier verse, deren erster an D 90 mahnt, aber auch sonst sehr häufig vorkommt. die folgenden 21 verse sind mit benutzung von D 46 ff 92 f hinzugedichtet, nur 35. 6

Johannes, lieber Ohem min,
hilf mir wainen min leit und daz din —

sind = I 283, 13. da sie aber nur den anfang einer übertragung des Mi Johannes bilden, so können sie nicht verwertet werden zur näheren bestimmung des ursprunges von Q. dieses stück einer Marienklage (oder eines passionsspieles), welches nur drei der traditionellen versikel enthält und somit auf keine der uns bekannten hauptversionen schließen läßt, gehört den ansatz-versen nach zu urteilen dem xv jahrhundert an. aus dieser zeit stammt auch die handschrift.

R. Der text dieser sechzehn verse ist mit notenlinien versehen, auf welche die melodie geschrieben werden sollte. sie gehören jemandem, der Marien ansprach. ich möchte meinen, daß es Maria Magdalena sein sollte. weitere vermutungen gestattet der geringe umfang des bruchstückes nicht. v. 6 erinnert an die so oft verwendete phrase D 68.

S. Mone gibt an, daß die ersten acht blätter dieses stückes fehlen und nach dem erhaltenen blatte der schluß gleichfalls mangle. wenn diese angaben richtig sind, so kann, da auf einer seite nur wenig über zwanzig verse stehen, der umfang des ganzen nicht sehr bedeutend, es kann kein passionsspiel, sondern nur eine Marienklage gewesen sein, etwa wie O und P. die ersten 18 verse können nur einer Maria zugewiesen werden. ihr inhalt umfaßt nur die gewöhnlichsten gedanken. — zu 3 vergleiche E. 267, 14 f. es heißt darnach: Maria Salome similiter plangendo circumeat: Contritum est cor meum etc., was aus Jerem. 23, 9 genommen ist. auch die 11 verse, welche nun folgen, sind nicht neu, hauptsächlich ist E. 269 in ihnen benutzt. darauf: Maria Magdalena circumeat: Defecit gaudium cordis nostri etc. aus Jerem. Thren. 5, 15. 6. ihre 16 verse bearbeiten: 1, E 260, 15 und geben in 12 den citierten bibelvers wieder. das nächste: Tunc Joseph genu flexo coram crucifixo mit den beiden letzten versen:

Ach Jesu, vil lieber herre min,
dich hand verlassen die junger din

deutet auf den beginn der grablegung. man vergleiche K. näheres läßt sich über die abstammung von S nicht sagen.

---

[1] zwar hat fol. 18a 22, 18b 28 verse, aber der unterschied rührt davon her, daß auf der ersten seite die lateinischen schriftstellen mehr raum einnehmen.

T ist bruchstück eines passionsspieles. auf eine einleitung, die von Maria Cleophae und Maria Magdalena gesprochen, dem inhalte, wenn auch nicht immer den ausdrücken nach mit S verwandt ist, folgen 4 verse Marias an Johannes — E 261, 24—27. darnach ganz in der weise von F eine umschreibung durch sechs dicit-verse. wieder rede des Johannes — E 261, 28, 31 mit leichter änderung in der zweiten hälfte. es folgen zehn dicit-verse des Johannes. die nächsten vier verse Marias sind aus E 262, 19. 20 und 7. 8 zusammengesetzt. abermals eine umschreibung in acht versen. nun noch sechs verse des Johannes (s. 20), die neu sind und den sonderbaren ausdruck enthalten:

> frauenzucht soltu pflegen
> und in mäsiglicher klag leben.

darauf spricht Maria XIV I II X verstümmelt. die nun folgende empfehlung Marias an Johannes ist nach dem muster von E 264, 15—26 abgefaßt. darnach spricht Maria III, die nächsten verse umschreiben wieder. dem Eli Eli des erlösers folgt die freie übertragung. die verse des Judaeus gehören zum passionsspiele. Maria spricht dann vier verse, die aus XVI XV componiert wurden. die nächsten verse haben auch bekannten inhalt, nur der vorletzte jedoch ist genauer in E 267, 23 zu finden. die ganze szene von Christi tode bewegt sich in den traditionellen gedanken, ohne worte zu entlehnen. tunc Maria in terram cadens dicit VIII. die verse des Johannes erinnern an E 265, 25 f, noch besser an die entsprechende fassung in F. die letzten verse der Maria geben XVIII mit einem T eigenen zusatzvers. dann: nunc sequitur depositio de cruce. dürftiger als in den bisher behandelten stücken hat sich hier die alte überlieferung erhalten, unneuchert nicht bloß von den stücken, die zum passionspiel gehören, sondern auch von freier erfindung. in einer anzahl von versen ist das vorbild der durch E vertretenen fassung unverkennbar, während die nummern XIV und XVIII hinwiederum auf die version D weisen.

C. Die von Pichler s. 31—35 zusammengestellten teile von Marienklagen kann ich hier einer näheren prüfung nicht unterziehen, da sie vom herausgeber selbst ohne quellenangabe als aus verschiedenen handschriften componiert bezeichnet werden.

V ist eine merkwürdige dichtung. es ist eine klage nach dem tode Christi am grabe, ein selbständiges stück. die überschrift lautet: Incipit ludus virginis planctus cum prophetis. der praecursor erzählt s. 115—118 die passion Christi. während des eintretens der prozession, welche aus den personen, die im stücke zu sprechen haben, besteht, erinnert primus juvenis neuerdings an die leiden des herrn. prima und secunda persona sprechen nacheinander überaus dürftige mahnungen [1] zur trauer.

---

[1] darunter s. 119 eine erinnerung an XVII, die beiden letzten verse enthaltend.

die tertia persona selbst beginnt ihre rolle mit E 260, 1—6. es folgen 14 verse, die zum teil an V und I sich lehnen. der folgende dialog zwischen Maria und Johannes, sowie die nächsten reden der beiden 'personen' sind, wenigstens den worten nach, frei erfunden. der prophet Jeremias hält nunmehr eine langatmige rede, welche sich auf seine weissagungen beziehen und zur klage mahnen soll. abermals gesungene und gesprochene klagen der prima und secunda persona. Maria spricht sodann E 261, 24—27 und eine folgende umschreibung, die mit dem ersten verse von I anhebt. darauf Johannes E 261, 28—31 in der fassung von T. auf eine neue frage Marias spricht Johannes dieselbe stelle und dann:

> Dar an ward er gehangen,
> mit hammer und zangen
> ward er genagelt und gebunden.
> da sprach er zu dir zu derselbigen stunden:
> weib, das ist der son dein!
> da meint er mich, den diener sein.
> auch sprach er zu mir:
> die magd und mutter befil ich dir!
> da ich auf seinem schose rut usw.

damit ist der charakter der älteren klage gründlich geändert. nicht nur spricht Jesus nicht mehr selbst, sondern Johannes erzählt die worte Christi. der prophet Jesaias gedenkt hierauf seiner vorhersagungen in grofser rede. sodann spricht Maria D 46—49 und eine umschreibung, die wieder mit den beiden ersten versen von I beginnt und auch D 92. 3 (?) enthält. die nächsten vier verse des Johannes sind zwar der vierten strophe in D ähnlich, aber da wir gesehen haben, dafs Johannes seine mahnungen in V stets mit gründen ausstattet, so ist keinerlei schlufs aus dieser beobachtung zulässig. es spricht der prophet Daniel — darauf Maria XV, dann 16 verse, die meist an D mahnen. Johannes erinnert an seine szene. David redet von seinen prophezien. Maria spricht VIII und eine kahle umschreibung, in welche noch D 87. 8 eingeflochten sind. Johannes redet von seiner unfähigkeit, Maria zu trösten. Simeon habens gladium in manu erzählt seine weissagung und während der rede evaginat gladium et porrigit Mariae. diese spricht natürlich VI und eine umschreibung. Johannes mahnt zur rückkehr; noch redet Jonas und Maria dankt ihm, dann ordnet sich die prozession. mahnrede des secundus juvenis, wunsch der prima und secunda persona heimzukehren, um am nächsten tage wiederzukommen. dann eine kurze rede Marias an die beiden Marien, worin sie in derselben weise gehorsam verspricht, wie sonst in E und anderwärts dem Johannes. darnach XIV und die letzten verse von D in der ordnung: 53—56, 94. 5, 90. 1, 92. 3, 87. 8. was in V von Marienklage steckt, beruht im wesentlichen auf D, wenn auch einzelnes, wie ja gewöhnlich aus E ergänzt werden mufs. die einführung der propheten, welche die verbindung mit dem alten bunde herstellen, der charakter des

ganzen als gespräch einer stehen bleibenden prozession, beweisen für die späte zeit
der entstehung von V.

W. Ich mache zunächst darauf aufmerksam, dafs dieses stück in einem für
nonnen bestimmten und von nonnen geschriebenem gebetbuche sich findet. schon
das einleitende gespräch zwischen Maria und Judas, des letzteren läge, ist sehr
sonderbar und es anzuhören, dem publicum des xv jahrhunderts kaum zuzu-
muten. das motiv kommt sonst nirgends vor und ist, wie die fassung in worte,
unzweifelhaft eigentum der dichterin. die verse 21—42 sprechen Jesus und Maria
beim abschiede. auch diese verse sind ohne vorlage. dagegen weist die anrede
Marias an Johannes deutliche spuren des alten textes auf. die verse 43. 4 gehören
zu E 262. 19. 20. — 51. 2 enthalten das übliche versprechen des gehorsams.
die lateinische anordnung vor 57 zeigt (diligenter prospecta), dafs es sich nicht um
eine würkliche aufführung von scenen handelt. Maria singt das in EOP und sonst
noch vorkommende Anxiatus est etc. mit folgender übertragung 65. 6. 67—72
enthalten eine bearbeitung des Mi Johannes. die klage Marias 78—84 stammt
zum teil wörtlich aus D 41—49.[1] Marias worte 85—88 sind = E 261. 24—27,
die antwort des Johannes = 261. 28—31. 93—96 zerdehnen E 261. 32. 3.
97—100 = E 262. 3—6. das gespräch zwischen Maria und Jesus erinnert jedoch
nur scheinbar wegen des allbekannten inhalts an bestimmte andere texte. Marias
verse 115—118 sind = T s. 32 ganz neu ist die rede Christi an seine jünger.
hier erfährt man was den letzten teil des gedichtes ganz erfüllt, dafs Jesus
seine passion noch gar nicht begonnen hat. die erwähnten, aus alten texten auf-
genommenen verse schildern aber schon die marter. es ist offenbar, dafs die ver-
fasserin, welche aufser geringer poetischer begabung auch nur eines sehr beschränkten
verstandes sich mufs erfreut haben, der alten verse gedachte, als sie im begriffe war,
etwas über die passion zu schreiben und nun aufzeichnete, was ihr eben einfiel
ohne rücksicht darauf, ob es in ihre selbstgestellte aufgabe pafste. oder auch: die
verfasserin hatte die absicht, sämmtliche verse der alten klage aufzuzeichnen, aber
bald liefs ihr schlechtes gedächtnis sie im stich und sie setzte eigenmächtig in
törichter weise das begonnene fort. die verse 135 bis zu ende schildern die be-
mühungen Marias, der mutter Christi, und Maria Magdalenas, den erlöser von
Jerusalem ferne zu halten und ihn überhaupt von dem vorsatze des martyrtums
abzubringen. wenn auch die darin aufgenommenen gedanken sonst noch (besonders
in der vita metrica) vorkommen, so sind doch die überaus elenden verse eigenes
produkt der verfasserin. das stück ist auch insofern interessant, als es die fähig-
keit beweist, mit welcher die verse der alten Marienklagen auch im gedächtnisse
solcher hafteten, welche kaum gelegenheit hatten, sie oft sprechen zu hören. ich

---

[1] die anfangverse = M 45. 6.

brauche nicht zu erwöhnen, dafs 61 ff und 97—100 (man vergl. die anmerkung) das stück der böhmisch-schlesischen gruppe zuweisen.

X. Schon nachdem Jesus gefangen genommen worden, also vor der marter, meldet Johannes in 769—778, die von der fassung E ausgehen, an Maria, was er gesehen hat. in der antwort Marias 779—789 stecken wieder die schlufsverse von D. die beteuerung der unschuld folgt ähnlich wie in W. als Jesus zum zweiten male vor Pilatus geführt wird, gibt die spielordnung an: Maria vero sequitur semper et Johannes tristes. die worte Christi an Maria und Johannes 1151—1157 bleiben ohne erwiederung. dagegen heifst es, nach dem Christus gestorben ist und der centurio gesprochen hat, also nach 1176: Sequatur lamentatio Mariae, deinde Longinus dicat etc. hier also hatte die lyrische klage gesprochen zu werden. sie war aber so allgemein bekannt, dafs nicht einmal die anfangsworte, wie sonst üblich, citiert zu werden brauchten. es genügte die blofse erwähnnng. diese stelle ist überaus bezeichnend. was Maria später 1204—1213 und Maria Magdalena 1214—1223 (also wie schon vorhin immer in je zehn versen) sprechen, da der leichnam vom kreuze abgenommen worden, ist ohne vorbild. also auch hier die spuren der alten tradition und vor allem der schlagende beweis für die mündliche überlieferung des lyrisch-musikalischen teiles der Marienklagen.

Y. In diesem grofsen und die wichtigsten momente des leidens Christi behandelndem passionsspiele ist der klage Marias nur wenig raum gegönnt. als zum dritten male geblasen wird, erschrickt Maria, by dero sul Johannes sin und flat Maria uff mit eleglicher stim und geberd und spricht zû Johannes' die verse 3063 - 3074 ohne verwandtschaft mit bekannten texten. die drei Marien klagen in je 8 versen 3095—3102, 3111—3118, 3127—3134, ebenfalls ohne verwandtes und werden dann von Jesus als tôchter Syon mit einer paraphrase des evangelischen textes angesprochen. als die marter Christi fortgesetzt wird, soll Maria 'awürent oder dristund nider sincken mit grossem achtzen und jamer' und 3177—3196 sprechen. Johannes tröstet 3197—3202. die worte Christi an Johannes und Maria 3407 —3410 übertragen nur die sätze des evangeliums. nach Christi tode und der scene mit Longinus klagt Maria 3515—3531 mit der (aus E) bekannten erwähnung Gabriels. Maria Magdalena spricht dann noch 3535—3544. nur dürftige spuren, zu denen ich das zwei- oder dreimalige hinstürzen Marias auch zählen möchte, verknüpfen dieses stück mit der gemeinen tradition. es wird sich kaum beweisen lassen, dafs es einer bestimmten reihe von überlieferungen angehöre.

Z. Die verse der prima persona 428—433 finden sich wieder T s. 18. V s. 119. dagegen haben die der secunda und tertia persona 438—445, 449—454 keine verwandten in den Marienklagen.

α erwähne ich nur deshalb, weil in der szene der drei frauen mit dem salbenkrämer die verse 317, 5—6 als alter aufgefasst werden können. weder sie noch die gekreuzten reimpaare 317, 11. 2 haben in den Marienklagen etwas entsprechendes, sondern beruhen ihrerseits auf eigenen lateinischen vorlagen.

β. Die Maria clag in der umsiterung Christi, welche von der Metzgerzunft besorgt wurde, reicht von 1143—1176. darin sind nicht blofs die gebräuchlichen gedanken, sondern auch in derselben reihenfolge und wörtliche anklänge enthalten. so heifsen 1143 ff:

   O frome menschen jung unnd alth,
   secht an den schmerczen manigfalt,
   denn ich in meinem herczen trag

was zu I gehört. an die neue zeit mahnt, dafs der schlechte lohn, den Christus für seine menschenfreundlichen bestrebungen erhalten hat, besonders betont wird. auch die spätere klage 1459—1490 weist erinnerungen auf. als Christus vom kreuze herabgenommen wird, klagt Maria 1735—1742, wovon 1735. 6 aus III. 1739. 40 aus I je zwei verse enthalten. also wörtliche conservierung mehrerer der geläufigsten verse. — das passionsspiel nimmt die reden der prozession meistens auf und fügt nur weniges hinzu. die worte des Pilatus 1310. 1 weisen wol auf E 267, 11. 5.

γ. Hier heifst es s. 290: Johannes bey Marien in einem weiszen mantel Eyn blosz swert zu marien gekert — wenigstens ist noch die ceremonie erhalten, die in P so wichtig ist. bildliche darstellungen derselben sind freilich überaus häufig und fast kein missale bis zum XVIII jahrhundert wird ihrer entbehren.

δ. Hein selbst bemerkt von diesen spielen s. 11 der einleitung: 'die klage der mutter gottes — mehr in dem versmafse als in den worten den bekannten alten Marienklagen nachgebildet.' im ordo processionis liest man s. 17: Maria gladiata in pectore stipata. wörtliche anlehnung ist allerdings weder in den gesängen, noch in der prozession, noch in der klage Marias zu bemerken. aber der bau der verse deutet bestimmt darauf hin, dafs ihr verfasser die alten stücke gekannt hatte, wenn auch sein gedächtnis nicht hinreichte, ihren wortlaut festzuhalten, oder auch sein geschmack sie verwarf.

Wir gehen nunmehr daran, das verhältnis der kunstdichtung zu den volkstümlichen Marienklagen zu betrachten. das wichtigste denkmal ist hier ohne zweifel der 'spiegel', von Mone zum ersten male gedruckt, Schauspiele des Mittelalters I, 210—250. die dort benutzte handschrift befindet sich in Konstanz und gehört dem xiv jahrhundert an. ich kenne noch neun teils vollständige handschriften, teils bruchstücke[1] und beabsichtige darnach das gedicht demnächst herauszugeben. der Moneache text ist nicht nur nicht der auf die beste handschrift gestaltete, sondern hat auch ganz erhebliche lücken, welche von den andern handschriften ausgefüllt werden. es wird sich der umfang des ganzen auf 1500 verse belaufen. der 'spiegel' (v. 123) stammt aus der mitte des xiii jahrhunderts. der dichter ist gebildet. er versteht latein, er kennt die höfische poesie, ahmt Hartmann von Aue, Wolfram von Eschenbach, vielleicht auch Walther und Freidank nach. nach einer kurzen einleitung, welche in sinnreicher weise den spruch 3, 11 des hohen liedes in eine einladung zur lectüre umformt, wird die not Christi geschildert. im Moneschen text findet v. 341 ein ganz unvermittelter übergang statt. bis dahin kann der dichter gesprochen haben, nun redet Maria. die meisten der übrigen handschriften haben jedoch schon vor 313 eine im Konstanzer texte fehlende stelle, in welcher Maria das wort ausdrücklich ergreift. ihre rede ist zuerst epischen inhaltes, die marter Christi wird erzählt. 521 beginnt die lyrische Marienklage und reicht bis 632. dann folgt wieder erzählung, die worte Christi an Maria und Johannes reichen bis 724. dann erzählt der dichter von Marias schmerzen, erwähnt noch der einzelnen worte Christi, klagt mit und berichtet dann, wie Joseph und Nicodemus den leichnam vom kreuze schaffen. es folgt eine neue klage Marias 1060 ff, die bei Mone fast ganz ausgefüllen ist. ein preis der mutter gottes mit einer mahnung an den leser schliefst das gedicht. über die quelle desselben bin ich mir noch nicht ganz klar,[2] in lateinischer prosa und poesie ist dieses thema so unzählige male behandelt worden, dafs der deutsche dichter reiche wal hatte. für neuere zwecke ist vor allem die lyrische Marienklage von bedeutung. dafs die in L und M benutzt wurde, ist über allen zweifel erhaben. aber wie steht es mit dem verhältnisse des 'spiegel' zu den älteren einfacheren Marienklagen, besonders zu E? es läfst sich nicht leugnen, dafs einzelne stellen[3] grofse ähnlichkeiten haben, welches verhältnis ist jedoch anzunehmen? die vorlage von E ist sicher bedeutend älter gewesen als die handschrift. ich wage nicht, mich schon jetzt bestimmt darüber auszusprechen, vermute aber, dafs in diesem falle der 'spiegel' das spätere gedicht sei und dafs der verfasser desselben, als er sein lateinisches

[1] aufser dem bruchstücke Altdeutsche blätter 1 367 ff. welches schon Pfeiffer (vgl. Mone aao. II 425. 6) als dem 'spiegel' angehörig erkannt hat, ist auch das von Th.Jacobi herausgegebene Marienlied (HZ III 130 ff) ein bruchstück.

[2] waher Hoffmann Fundgr. 1, 307, anm. seine notiz hat, dem gedichte liege das lateinische werk eines gewissen Lucas zu grunde, weifs ich nicht.

[3] besonders E 261, 23 und spiegel 519; E 265, 19 f und spiegel 567 ff; E 267, 27 und Altd. blätter I 348, 24 ff; daselbst 22. 3 und E. 265, 1. 2; 348, 41—349, 5 und D 59—96. das wort spiegel kommt in Marienklagen mehrmals vor, so M 71, O 306 usw. im alten Passional 66, 42 ff und 76, 26.

büchlein, das vielleicht wärklich nur eine sequenz oder homilie war, die deutschen
volkstümlichen Marienklagen benutzte.

Dasselbe thema behandelt die Marienklage, welche von OSchade (gedichte vom
Niderrhein s. 214—221) herausgegeben wurde. es scheint mir ziemlich deutlich,
daſs dieses gedicht, welches so naiv und empfindungsvoll ist wie die meisten der
niederrheinischen geistlichen dichtungen, direkt auf die dramatischen Marienklagen
zurückgeht. zwar nicht so, daſs eine der vorhandenen bekannten als quelle auf-
gewiesen werden könnte — denn wenn auch einzelne ausdrücke mit OP zu stim-
men scheinen, so kann das ganz leicht in der gleichheit der situationen begründet
sein — aber seiner ganzen anlage nach. die kurzen trostworte des Johannes, die
erwähnung der drei Marien, welche mitklagen, schlieſslich die grablegung weisen
bestimmt darauf hin. dagegen wird man aus den versen 31—52, welche von dem
entschluſse der juden sprechen, die gekreuzigten nicht über das osterfest hängen zu
lassen, keinen ähnlichen schluſs ziehen dürfen, sie gehen wol auf den text der bibel
zurück.

Merkwürdig ist das von Hoffmann Altdeutsche blätter II, 200. 1 aus einem
pergamentblatte des XIV jahrhundert veröffentlichte gedicht des XII jahrhunderts.
Schade hat (aao. s. 245 f) einen text herzustellen gesucht und mit recht das ganze
nicht als den anfang eines selbständigen werkes sondern als eine aufzeichnung von
ein paar beliebigen in dieser folge nicht zusammengehörigen teilen aufgefaſst.
wenn Schade aber einleitung s. XVI f. eine stelle des deutschen gedichtes mit einigen
worten zusammenstellt, welche Maria in dem bekannten dialogus beati Anselmi de
passione domini spricht und daraus schlieſst, daſs der dichter diesen dialog gekannt
haben müsse, so scheint mir das zu kühn. denn vorerst spricht, wie Schade selbst
erwähnt, im deutschen gedichte der verfasser, im lateinischen dialog Maria und dann
gehen beide stellen zurück auf Jeremias 9, 1: quis dabit capiti meo aquam et
oculis meis fontem lacrimarum? et plorabo die ac nocte interfectos filiae populi
mei. Schade sagt übrigens selbst in seiner ausgabe des dialogus (Halle 1870),
daſs derselbe nach 1239 verfaſst sein müsse und älter ist das deutsche gedicht
gewiſs. der gedankengang der worte Marias, besonders die erinnerung an die vor-
gänge in Christi kindheit findet sich in der klage Marias, welche die vita metrica
enthält und von hier aus in den abhängigen gedichten. aber auch die vita metrica
ist zu jung und so wird wol für sie und das deutsche gedicht dieselbe quelle vermutet
werden müssen.

In derselben hannörerschen handschrift, aus welcher A stammt, befinden sich
die von WGrimm HZ X, 1 ff herausgegebenen Marienlieder. meine untersuchungen
über reimbestand und sprachgebrauch dieser gedichte haben keinerlei sichern anhalt

gegeben, eine scheidung vorzunehmen und mehr als einen verfasser zu erkennen. kleine verschiedenheiten kreuzen sich, gröfsere und wichtigere übereinstimmungen ziehen durch. nur das gedicht von den edelsteinen 113, 33 bis etwa 118, 29 unterscheidet sich durch seine trockene gelehrte manier von den warmempfundenen übrigen, doch kann diese differenz auch im stoffe begründet sein. von der grofsen Marienklage, die von 21, 33 bis 35, 24 reicht, kann nicht behauptet werden, dafs sie nur eingelegt sei. allerdings unterscheidet sich diese dichtung sogleich von den sie umgebenden partien durch ihren bau, die kürzeren verse und strophen.[1] allein man kannte ja damals Marienklagen nur aus lateinischen hymnen und sequenzen, wie nahe lag es bei einer deutschen bearbeitung desselben gegenstandes, die dort verwendeten mafse und strophen nachzunehmen. ich weifs kein einzelnes lateinisches gedicht, in welchem die mehrzahl der in dieser klage vorkommenden gedanken enthalten wäre, wol aber kann ich eine reihe von belegstellen aus verschiedenen lateinischen dichtungen beibringen.

Die erwähnung von Simons prophezie 25, 7 ff bedarf keines beleges. vor allem scheint unser plauctus benutzt worden zu sein. es entsprechen mitunter wörtlich seinen versen 17, 33, 60, 65, 91, 99 die stellen 27, 5; 28, 7; 30, 9; 32, 37; 32, 30; 34, 16. dem Mi Johannes, planctum move entsprechen 29, 21 ff. von dem bei Mone Schauspiele des Mittelalters I, 37 ff gedruckten hymnus finden sich die verse 10, 13, 14, 17 in 25, 23, 25, 27, 28. aus dem bei Mone zunächst s. 42 ff gedruckten Planctus 37, 41, 73 dürften die verse 27, 20; 9 ff, 22 ff stammen. von den vier auf eine ältere gemeinsame quelle zurückgehenden liedern ad faciem salvatoris (Mone Lat. hymnen I, 153—156) ist eine stelle bemerkenswert:

   Ave facies praeclara,
    quae in sancta crucis ara
   facta eras pallida,
   anxietate denigrata,
   sacro sanguine rigata.

der 26, 5 ff 26 ff entsprechen. die in der missa compassionis beatae Mariae virginis enthaltene sequenz (Kehrein lat. sequenzen nr 229 s. 180 auch bei Daniel thesaurus V 187—189) hat abaatz 7 und 8 die worte: Cur vita durat sic anxia? cur non morior? mors autem cur mihi parcit? Quae mater unquam quaeve puerpera nati dilecti tanta supplicia videre simul et ultra vivere possit? denen 27, 13 ff ungefähr entsprechen. 33, 3 ff übersetzt das bekannte Flecte ramos arbor alta aus Crux fidelis inter omnes. in den zahlreichen passionsliedern, die der 1. und

---

[1] von 21, 33—25, 16: a b c c b d d e f f g g h h g l i g g h ebenso von 25, 18—37. nur fehlt hier am ende ein vers. es braucht nicht besonders nachgewiesen zu werden, dafs diese reimschemata in den ältesten lateinischen hymnen und sequenzen überaus häufig gebraucht werden.

besonders der II band von Daniels thesaurus hymnologicus bringen, lassen sich
dagegen keine bestimmten beziehungen nachweisen. ähnlich sind ferner D 83 ff und
hier 31, 7ff; E 271, 16 ff und hier 32, 5 (brich min herce; O 17 ff und hier
29, 31 ff, wobei sichtlich dieselbe lateinische vorlage bearbeitet wird. erwähnen mufs
ich noch dafs die den hymnen nachgebildeten versikel 30, 20—32, 1 durch gröfsere
strophen unterbrochen werden,[1] von denen 30, 20—31, 22 refrainverse haben und
dafs die beziehungen auf die lateinische dichtung gegen ende der klage hin abnehmen.
vielleicht deutet die erwähnung von Magdalena 29, 26, von Nicodemus und Joseph
33, 21 f darauf hin, dafs der verfasser schon dramatische (lateinische) bearbeitungen
der Marienklage und grablegung gekannt hatte.

Die dichtungen, welche das leben Mariä und Jesus behandeln, enthalten natürlich auch die kreuzigung und die Marienklage. eine reihe davon, die Marienleben des bruder Philipp, Walthers von Rheinau und des Schweizer Wernher gehen auf die vita metrica Beatae Mariae Virginis et Salvatoris zurück. diese gibt in den bezüglichen abschnitten als quellen folgende autoren an: Germanus historiographus Jesu et Marie, Theophilus, beatus Bernhardus, Ignatius martyr dann das evangelium Hebreorum, das evangelium Nicodemi, die glosa super evangelium und die scolastica historia. aus diesen quellen sind zum teil auch die lateinischen gedichte geflossen, welche in den deutschen Marienklagen benutzt wurden und so erklärt sich die sonst auffallende übereinstimmung einzelner stellen der klagen mit diesen bearbeitungen der vita metrica. in der vita metrica findet sich aber noch früher ein dialog zwischen Maria und Jesus über die passion (HZ XVII, 521—529), als dessen quelle Germanus historiographus angegeben und in welchem die leidensgeschichte vorweggenommen wird. aufser den schon genannten deutschen dichtungen behandelt das Grazer Marienleben diesen stoff (HZ XVII, 552—558), ebenso noch das im anhang III veröffentlichte Soliloquium Marie cum Jesu secundum Gregorium papam et doctorem sanctissimum. hier wird auch die frage nach dem grunde des leidens Christi, mit der fast sämmtliche lateinische passionshymnen beginnen, eingehend erörtert.[2]

Das alte Passional erzählt 50, 20—81, 46 die marter Christi. auch hier finden sich beziehungen zu den deutschen Marienklagen. schon oben habe ich eine stelle, die zu O und P stimmt, erwähnt. zu 72, 94 ff:

---

[1] spricht 21, 26—29 der dichter?
[2] hierher gehört auch der oben schon erwähnte dialog zwischen Anselmus und Maria, nach welchem das gedicht bei Schade Niderrh. ged. s. 239 ff, (vgl. noch dazu Nörrenborg Kölnisches Literaturleben s. 4 f) und das von Lübben Bremen 1869 herausgegebene: Anselmus vom Leiden Christi gearbeitet sind.

    vil liebez kint, sit ich nu bin
    alsus vor dir verweiset
    unde din leben reiset
    in so lesterlichen tot —

vergleiche man E 265, 9. 10. *so auch* 72, 8 brich min armez herze, brich *und* N. *kleinere ähnlichkeiten sind zahlreich.*

  In dem naechten zusatze zu Konrad von Würzburg's goldener schmiede, welcher in der Heidelberger hds. 356 (a) *sich findet, wird der Marienklage v.* 13 ff *zu erwähnung getan, dafs der schreiber wol kenntnis von den bezüglichen dichtungen gehabt haben mufs. dasselbe möchte ich für das Vater unser des Heinrich von Krolewiz* 2220—2265 *annehmen. die ganze schilderung der passion, welche Hugo von Langenstein Martina* 28, 65—49, 20 *entwirft, weist die deutlichsten spuren der benutzung von passionsspielen auf und die bekanntschaft mit Marienklagen wird durch die stelle* 238, 78 ff *desselben gedichtes unzweifelhaft. der dichter des Reinfrid von Braunschweig läfst* 14726 ff *die königin Irkane beten:*

    Maria minnencliche,
    daht si, wem wilt du mich lân
    ahi wie sol ez mir ergân
    mir ellenden armen?

was nur eine nachbildung der Marienklage (P) *ist. dafs die stelle* 17981—18131 *kenntnis deutscher passionsspiele bekunde, scheint mir zu bezweifeln. auch das passionslied der Limburger chronik von* 1356 *(Anzeiger für kunde des deutschen Mittelalters* 1832, *s.* 25—27) *kennt die passionsspiele und die Marienklage.*

  Nr 512 *in Ph.Wackernagels Deutschem Kirchenlied* II, 354 f *ist eine mitunter genau sich anschliefsende bearbeitung der üblichen gemeinsamen verse mit geschmacklosen zusätzen. dazu gehört noch nr* 790 (*aao.* II, 612 ff), *dasselbe gedicht, aber verstümmelt.*

  Nicht näher kenne ich das 'dramatische passionsspiel mit musiknoten', dessen Mone anz. 1838 *sp.* 580 *erwähnt. es befindet sich in einer handschrift des* xvn *jahrhunderts, welche die bibliothek des klosters Lambach in Oberösterreich unter nr* 176 *bewahrt. dafs es mit dem psalm: 'Anxiatus est' beginnt, ist ein beweis für seine zusammengehörigkeit mit unsern stücken. ferner die klage in der Stuttgarter hds.* Theolog. nr. 19 fol. pap. xv *jahrhundert bei Mone anz.* 1838 *sp.* 286. *ihr anfang:*

    O usserwelte cristenheit,
    nu helfet mir mit biben das leit

ist ebenfalls und zwar aus E *bekannt.*

Parodiert ist die Marienklage in einem gedichte der Stuttgarter hds. Theolog. nr. 19 duodez aus dem xv jahrhundert (Mone anz. 1838 sp. 283), dessen anfang lautet: Die klagsprüch des leidenden menschen under dem rosenhüm stehend zu aben:

> Hertzen fried hann ich verloren,
> zū großem lyden bin ich geboren usw.

es ist eine spruchsammlung, stellenweise scheint mir das gedicht: Liebesklage in Laßbergs liedersaal I, s. 535 unter nr. XI an die Marienklagen zu erinnern, es kann dies aber auch täuschung sein.[1]

Mit dem lateinischen kirchenliede hat die untersuchung begonnen, mit dem deutschen schließt sie. es sei erlaubt, noch in kürze den ganzen entwicklungsgang der Marienklagen zu zeichnen. bekannt ist die wichtigkeit der lateinischen hymnen und sequenzen für den mittelalterlichen gottesdienst. hielt die feierliche strenge der messe die teilnahme der hörer in ehrfurchtsvoller ferne, so war in diesen compositionen raum gegeben für den ausdruck wärmer empfindung. daher die frühen versuche, diese dichtungen in der volkssprache zu bearbeiten und so für sie ein noch größeres publicum zu gewinnen. einige der besten und schönsten sequenzen sind in Frankreich entstanden. als nun in der zweiten hälfte des XII jahrhunderts die gewaltige flut französischer anregungen und neuerungen in das deutsche leben einbrach und für hundert jahre vorwärtsdrängend wirkte, traten auch auf dem gewöhnlichen wege am Rhein solche kirchenlieder über, darunter das Planctus ante nescia. wir finden die wörtliche übersetzung desselben in einem niederrheinischen gedichte, wir sehen dann zunächst in C den lateinischen text an zwei personen verteilt. diese personen treten in einem einfachen passionsspiele auf. nun zeigt sich ein sprung in der entwicklung. wir müßten als nächste stufe stücke erwarten, in welchen lateinischer text und deutsche bearbeitung nebeneinander vorkommen. aber wir haben nur spuren von der existenz einer solchen stufe in D und I. es fällt nun der lateinische text bis auf kurze citate ganz weg und der deutsche wird durch zutaten erweitert. parallel mit dieser entwicklung werden aus den monologen dialoge; durch einfügung der worte Christi am kreuze erhalten wir schon drei personen (E F M N),[2] das hinzutreten der drei Marien, des Petrus, schließlich des Joseph

---

[1] noch zu vergleichen die Magdalenenklage Phil. wackernagel kl. II 335, nr 514.

[2] in die erwähnte lücke würden hier stücke gehören, in welchen das crucifix die stelle Christi einnimmt. spuren davon finden sich vor allem in P, aber auch hymnen, welche Maria das kreuz ansprechen und von demselben antwort geben lassen, wie Mone Schausp. d. Mittelalt. I, 37—41 (in besserem texte bei Morel lat. hymn. nr 53) sind hierher zu rechnen. über die stelle des kreuzes in der Charfreitagsfeier vergl. nach Daniel thesaurus hymnol. I, 162 f.

und Nicodemus vermittelt die aufnahme der dramatisierten Marienklagen in die
grofsen volkstümlichen passionsspiele. und die entwicklung schreitet fort mit der
geographischen verbreitung. vom Rheine aus erstrecken sich zwei grofse zweige:
einer über die Schweiz nach Süddeutschland, er läuft in Böhmen und Schlesien,
den deutsch-slavischen ländern aus. der zweite geht über Mitteldeutschland (FG.H)
nach Norddeutschland, Wolfenbüttel-Bordesholm sind hier die endpunkte. beide
zweige werden in ihren enden von der kunstdichtung durchsetzt und zum teil auf-
gelöst. aber unglaublich zäh sind die alten verse. sie dauern nicht nur in den
letzten resten der passionsspiele, den zunftprozessionen, sie leben auch noch im
kirchenliede bis zum XVI jahrhundert. naturgemäfs währt ihre laufbahn in Süd-
deutschland am längsten. in mehreren fällen reicht man mit der annahme schrift-
licher tradition nicht aus, es mufs mündliche überlieferung angenommen werden
und aufzeichnung aus dem gedächtnifse. als verfasser der übergrofsen mehrzahl
dieser denkmäler hat man sich geistliche zu denken.

Eine ähnliche entwicklung habe ich für die lateinisch-deutschen Osterfeiern
(Zeitschrift für deutsche Philologie IV, 367 ff) aufzuzeigen versucht. dort klaffte
die erwähnte lücke nicht, aber die verzweigung war auch dürftig; hier ist sie voll
und üppig.

Ich habe mit voller absicht mich von der untersuchung der französischen
und englischen Marienklagen ferne gehalten. nicht als ob sie mir nicht wichtig
genug erschienen und ihre untersuchung nicht lehrreich wäre, einfach defshalb, weil
das vorliegende material auch nicht im entferntesten zurricht. es müfsen daher die
bezüglichen publicationen abgewartet und die lösung dieser für die vergleichende
litteraturgeschichte gewifs bedeutungsvollen aufgabe mufs einer späteren zeit vor-
behalten werden.

Oed, august 1874.

ANHANG.

1.

Das gedicht befindet sich in einer pergamenthandschrift des xiv jahrhunderts hinter einer vollständigen abschrift von bruder Philipps Marienleben, die Rückert noch nicht gekannt hat. Virgil Grohmann erhielt sie von professor c. Höfler in Prag mitgeteilt.

[Maria]

Owe, owe, ich han min libes kint verlorn!
owe, daz ich ie wart geborn!
schol ich es nimmer mer gesehen,
wie schol mir armen nu geschehen!
5 owe, owe, sufzen, prinnende not,
owe wer er mir nicht tot
von maugen piterlichen slage,
so wold ich nimmer laid getragen.
owe, owe, ich han geboret ainen rüf
10 das ist Jhesus, der mich geschuf.
owe, er laidet grosse not!
owe, und leg ich vor in tot!

[Johannes]

Owe, owe, vor jenes juden haus
sach ich in plutigen gen heraus;
15 ain crenz un auf dem rucke lag,
vraislicher den ain donerstag.

[Maria]

Owe, owe, ich hore der hamerslege los
auf mein kint also blos,
auf hende und auf di fuzze sein;
20 da von mein herze leidet pein.

[Johannes]

Owe, owe! Maria, muter, raine mait!
sein marter wart mir vor gesait,

---

1 die anführung von owe ist der zal nach unbeschränkt und muss nicht in den vers mit einzurechnen   5 müezen die handschrift.

di er leidet ane schult,
do mit di schrift nu wirt erfult.

[Maria]

25 Johannes, freunt, ge mit mir dan,
do si mein traut kint gefangen han.
si toten es, des ist nicht rat,
und er si doch beschaffen hat.
Vil lieber freunt Johannes,
30 mit ganzen trewen man ich dich des
und pit dich mit flez,
daz du wellest mit mir gen,
wo mein traut kint in marter not
hat vergozzen sein blut rot.

[Johannes]

35 Maria, muter und vrowe mein,
ich derfulle gerne di pete dein.
ja furcht ich aber, das du pein
findest an der marter sein.

[Maria]

Johannes, freunt, das weis ich wol.
40 von rechte schol ich leiden dol;
durch seine grozze trewe
musta mich sein not rewen.
alles das man von laide spricht,
das ist gegen meinem laide nicht.

45 Got gesegen euch, vil liben vrowen!
ich wil gen mein kint schowen,
daz so jamerlichen stet
an dem creuz, das ir wol sehet.
merket alle, di muter sint,
50 gehet ir sehen ewer kint,
ob ir icht jamer begundet tragen,
ob allen muttern ist mein clagen:
den ich jamerlich muz zusehen.
got gesegen euch, ich wil gen.

[Johannes]

55 Sich, vrowe, dein kint Jhesus
laidet grozze not umbsust;
wilt du das schowen,
so kom, vrowe, ia dir in zougen.

[Maria]

Owe des ganges, den ich gen

---

27 rot, s von anderer hand übergeschrieben   31 fle dazu von anderer hand ysr
33 di marter not vgl. O 17. 9   37 das du nicht dein pein vgl. L 252, 7. b   50 gehet
ir sten   58 czaigen.

60 mit jamer und mit rewen.
ich mag gesitzen noch gesten,
mein laid das wil sich newen.
nu wainet, selige cristen, mit mir,
wan mein traut kint daz dolet hir.
65 alle müterlichen herzen,
helfet mir clagen seinen schmerzen,
wan di pitter marter sein
di pringet mich in grozze pein.
ich was selige müter gehaizzen manigen tag,
70 nu wais ich nicht, wo ich mich wenden mag
von dem spigel, den ich an sehe.
also mūz meinem herzen geschen we
als ein swert durch meine sele gat.
secht, wie er verwundet stat,
75 den ich zu der werlt han bracht!
erparme dich, suzze gotes craft,
und sage mir, vil libes kint,
durch was dine grozzen pine sint,
di du für den menschen leiden wolt.
80 ich trawe, ez sei an alle schult,
wan du nie kain sunde hast getan,
noch posen gedanken du nie gewan.
Owe, owe, owe, herzenlicher clage.
di ich müter aine trage
85 von des todes wane.
wainen was mir unbekant,
sint ich müter was genant
und doch mannes ane.
nu ist zu wainen mir geschehen,
90 sint ich deinen tot mūz sehen,
den ich ane swere gar
mūter unde mait gebar.
grozzer clage ist mir not,
owe, leg ich für in tot.
95 sun, vater, schepfer pist du mein
und ich di arme müter dein.
owe mir, libes kint,
wie gar dir dein wangel sint
vil ser an dir verpliehen!
100 deine craft
und deine macht
ist dir gar entwichen.
deine wunden tun mir we.
meiner clag ist dannoch me,
105 das du herzenlibes traut
wider mich nicht macht werden laut.
Ach, vil liber sun mein,
dise scharffe crone meret meinen herzen pein.

---

64 dotet lr   69 manigen gehaizzen tag   77 mir fehlt   78 disen   85 folgt in
der handschrift nach 85   90 trinen   105 meine vgl. 116.

dein haupt ist geneiget in den tot,
110 deine starken wunden ton meinem herzen not.
und ach der schmerzen! di hende dein
gebent mir jamerlichen schein;
deine wimpern sint von plůte rot.
des wolt ich, kint, gern ligen tot.
115 Liber sun, mag das gesein,
do het ein ende meiner herzen pein.
ain swert, das mir geheissen was
von Simeonis munde,
Jesu Crist, do ich dein genas,
120 das sneidet mich zu stunde,
owe wer
hat sein sper
her zu mir geneiget,
daz er mich
125 unde dich
so ungeliche schaidet?
herze prich!
tot, nu sprich
und la mich dir nu volgen.
130 der juden kint
mir nu sint
worden ser erpolgen.
Owe, tot,
dise not
135 macht du wol volenden,
wilt du von dir
her zu mir
deinen poten senden.
o vater, herre Jhesu Crist,
140 meines herzen trost du pist.
gar suzzer unde gůter,
sich an deine můter!
sich auf mich vil armen
und la mich dich erparmen:
145 zeuch mich auf des creuzes ast;
er ist so stark und so vast,
daz er uns wol getragen schol.
ich armes weip pin laides vol.
wa schol ich nu hin keren?
150 mein quale wil sich meren.
O liber kint raine,
du stirbest nicht wol aine.
nu tu ein beschaiden gnade mir;
la mich nu, kint, sterben mit dir.
155 O grimmiger tot, du phlegest (?) mich,
es ist zeit, nu ouge dich.

---

116 to   117 wart   119 dein gebor   120 m. hie z.   123 her *fohlt*   135 vol-
benden   146 best   147 gewagen *vgl. spiegel* 633   149 und schol   153 *vgl. spiegel*
641 o grimmiger tot du vliuberst mich   156 ougen.

ach tot, du werest piller e,
nu ist mir nach dir so we,
wan du mir alaine sutze pist.
160 ach tot, nu gib mir kaine vrist,
zubrich mit deinem schmerzen
das leben meinem herzen.
du werest e grimmig, nu pist vorzait
du schonest ainer armen mait.
165 tot, prich enzwei das herze mein,
das ich nicht sehe meines kindes pein.
dir stet, vil lieber herre, wol,
wan du pist aller genaden vol,
das du erhorest mein gepet.
170 ich pit dich, also ich e tet:
zeuch mich an di saiten dein
und troste dein geparerin.
ach, herzenkint, erkenne mich;
ich bin dein muter, ere mich.
175 mein kint, nu gib mir kaine vrist,
sint dein marter ergangen ist.
di sunne pirget iren schein
aller der werlt gemaine,
di erde pidemt, do si leit,
180 auf cliben sich di staine.
valsche diet, ir pravet nicht
was sein gothait pringet:
alle di sein ouge sicht,
nach seinem tode si ringen.
185 tot, nu nim uns baide,
das er nicht alaine
von mir icht schaide
also jamerleichen
sein tot mich toetet,
190 sein plut mich rutet,
sein not mich notet
mit im jamerlichen.
o juden, ir vil grimmige diet,
ir seit, di den tot vor riet!
195 meine mage, judischen leute,
was schonet ir mein heute?
er sturbet nicht wol aine.
nu toetet mich al gemaine
mit Jhesum, wan ich des pit
200 und rechet euch do mit.
O suzzer sun vil güter,
sich an deine müter
und rüche dich erparmen
uber mich vil armen!

---

171 *dieser reim konnte nicht zur herstellung des l benutzt werden, da er aus dem spiegel 557 entnommen ist*   195 *maget vgl. spiegel* 569   199 *und t. vgl. spiegel* 558
200 *spiegel* 588: und rechent iuch an mir da mite.

bis mir nicht zu herte
an deiner hinverte,
wan du mein ainer trost an pist.
laz mich sterben ane vrist.
wer schol mich truesten, als ich dich
210 vorlise, Jhesu minnerlich.
mir tût not das ich trawrig pin.
ach, wo schol ich keren hin?
wer hilfet mir, wer gibt mir rat?
also jamerlich es mit mir stat.
215 gedenke an mein armes leben,
wer schol mir an trost geben?
vil zarter sun, an sprich!
weme wiltu bevelhen mich?

Jhesus zu seiner mûter sprach!

Sich werde maget und mûter mein,
220 Johannes schol dein sun sein
und nim in zu einem kinde.
ach, mûter mein, erwinde
und laz dein grozzes wainen sein.
du nim sein war also mein.
225 du waist wol, das ich da zu pin geborn.
nu ist gestillet meines vaters zorn.
wie mochte anders erfullet sein
di schrift, do von so leide ich pein
vor alles menschliche chunne.
230 dar nach selde und wunne
schol erstan und erscheinen
dir und den jungern meinen.
das geschiet an dem dritten tage.
la, vrowe mûter, deine clage!
235 dar nach schol ich zu himel varn
mit den engelischen scharn
zu meines vaters trone.
do schol ich leben schone.
o mûter, la dein trauren stan.
240 wan ich di selben funden han,
di er verlorn schefelein,
di dicke irr gegangen sein;
den wil ich nu zu hilfe kumen,
mein tot schol manger sele frumen.
245 dar umbe, libe mûter mein,
Maria, la dein wainen sein.
ach, herzenschœne maget,
hab ein herze unvorzaget.
laz dein wainen uber mich.
250 sozze mûter, trœste dich.
du scholt zu himel mit mir,
Maria, nach deines herzen gir,

210 vor lize Ich. 218 den *fehlt*

di weile schol Johannes dein
pßlegen. [libe] müter mein.
255 er schol dir tûn dinest schein,
recht als du seist di müter sein.
er schol dich des genizzen lan,
das ich io vor lip gehabt han
und noch von herzen lip han.
260 Johannes, sich dein müter an,
Johannes, du vil güter,
sich an deine müter
und nim ir war,
di mich gebar.
265 si was mein müter pis her,
wan si was meines herzen ger.
nu mag si wol dein müter sein,
phlig ir wol rechte also mein
und hab si in deiner hûte.
270 Johannes, liber nefe güter.

  Johannes zu Jhesum sprach:

Jhesu, vil suzzer gotes sune,
so ich zu deinen gnaden kume
in der potschaft mit witze
vor dein gütlich antlitze,
275 sprich ich lob und ere dir
durch dein jamerlich martyr
und umb deine grozze not
und umb deinen pittern tot
und umb dne swere pein,
280 di nu leidet das herze dein.
nu emphahe ich in mein hûte
Mariam, di suzze und güte.

  Jhesus zu Mariam sprach:

Maria, zarte müter,
Johannes, nefe güter.
285 nu ist alles das vollbracht,
das di juden haben erdacht.
nu en wil ich nicht lenger leben,
meine sele wil aufgeben
in meines vater hende.
290 der wil si wider senden
zu dem himelischen throne,
daz si do bei sitze schone
an alle missewende.
hi hab di red ein ende.

  [Maria]

295 Owe, mir, nu ist er tot;

---

 254 libe *fehlt* 255 schol *fehlt* *nach* 259: Johannes sich deine müter an 273 mit
wirze 292 besitze.

des vernewet sich mein not
und mein jamerliche clage,
di ich clegelichen trage,
als es clage were
300 umb mein grozze swere.
Owe, was hat er euch getan?
ja mocht ir im nicht daz leben lan
und benemet mir den leip?
was schol ich nu vil armes weip,
305 sint ich dein pin worden ane?
amen sprechet alle,
daz es Crist müz gevallen.

297 jamerleichen clagen.

II.

Aus der handschrift XVI. 9. 33 der Prager Universitätsbibliothek. (vgl. Nelle in Naumanns Serapeum 1859 s. 66 ff.), drei bände in sedez, gebete und tractate enthaltend. im letzten findet sich fol. 179ª—187ª das hier abgedruckte stück. die schrift stammt aus dem XVI jahrhundert. nur die gräulichsten auswüchse der schreibung wurden beseitigt.

179ª Incipiunt alia pulcra de passione
Christi et primo Jude de Jerusalem
post Christi vendicationem in Bethania
responsio. mater introit.

Ay du lieber frunt meyn, Juda,
bericht mich, was ich dich frag
und sag mir nach meyner beger,
was horestu newer mehere
5 zu Jerusalem in der stat
von der falschen juden rat,
den si haben wider mein kint,
dem si so gram sint?
ich forcht, si werden in toten.
10 o himelischer vater, hilf im aus noten!

  Judas respondit:

Ach Maria, laß deyne jemerliche frag
und kere dich an keyne sag.
ich hore von im nichtes dan alles gut,
darumb habe eynen steten mut
15 und laß aus deynem herzen
179ᵇ den großen jemerlichen schmerzen.
ich hab in lieb in dem herzen meyn
und hab große sorg des leben seyn.
gar ungern wolt ich doch das im leyt geschehe.
20 das wolt ich dir in rechter warheyt sagen und jehen.

---

18 das l.

Ihe Salvator transiens cum discipulis suis in
Jerusalem valedicit matri:

Gesegen dich got, du werde muter meyn!
es kan und mag nit anders geseyn,
erfullet muß seyn der ewige rat,
den die gotheyt beschloßen hat.
25 darumb, meyn liebe muter, ich von dir gehe
zu bestetigen itzunt die newe ee,
dardurch erlost wirt das menschlich geslecht,
das lange zeyt gewesen ist des teufels knecht.

Maria ad filium:

Auwe, auwe, meyn lieber sun,
30 wiltu mich so in elende lan?
mir ist meyn herze also swer betrübt,
ich habe dich ganz von herzen geliebt,
nu lest du mich in jamerheyt.
140ᵇ Owe meynes großen herzenleyt!
35 ich weyß nit was mich immer ant,
meyn herze ist mir ganz aufgetrant.

filius ad matrem:

Ach, liebe muter, sweyg und machs nit lang,
die altveter leyden großen gezwang.

Maria ad filium:

Ach herzliebes kint meyn,
40 laß mich dir befolen seyn.

filius ad matrem:

Ja liebe muter, du wirst es wol gewar,
so ich stehe unter der judischen schar.

Virgo ad Johannem post Christi ascensum:

Johannes, lieber ohem meyn,
gehe hin und sihe, was marter und peyn
45 die juden itzunt wollen tun
meynem herzenlieben sun,
und sag mir all ir weyß und geberc.
awe, mir ist meyn herze swere,
das es vor jamer und not
50 wil lieber leyden den bittern tot.

141ᵃ   Johannes respondit:

Maria, liebe muter meyn,
ich wil dir al zeyt gehorsam seyn
und auch hie nit langer stan,
ich wil zu deynem lieben kinde gan

---

38 alveter.

55 und seyn grosse marter sehen
and dir si offenbar vorjehen

Et sic transit ad locum passionis
et diligenter prospecta revertitur
ad virginem dei dicens:

Maria, liebe mume meyn,
ich tu dir kunt seyn marter und peyn.
ich sach in bunden mit grossen stricken.
60 dar zu legten si im eyn groß crewz auff seynen rucken.
si schlugen in und stiessen in hin und her,
das es ein wunder wer,
das er von stunde an wer gestorben
und under dem schweren creuze verdorben.

Maria canit:

Anxiatus est in me, spiritus meus, in me turbatum
est cor meum.

65 Meyn zele ist betrübet in den tot,
meyn herze leyt grosse not.
dar umb, lieber Johannes, hilf mir weynen,
wand ich habe nimant dan dich eynen.
weynen und clagen ist nu zeit.
70 seyne marter und große jamerkeyt
von herzen weynen wir.
Johannes, meyn groß leyt clag ich dir.

Johannes respondet Marie:

Maria, es sal mich keyn jamer vorjagen,
ich hilf dir gern weynen und clagen
75 meynen lieben herren Jhesum Crist,
der aller werlt eyn troster ist.

Maria valedicit populum:

Got gesegen euch, ir man und ir frawen,
ich wil gehen und meyn trauts kint schawen,
das leydet itzunt jemerlichen schmerzen,
80 das beweynet ir nu in ewern herzen.
alle die ihr muter sint,
wann ir so sehet ewer kint
sulche marter tragen,
des helfet mir alle beweynen und beclagen.

Maria transit cum Johanne ad locum
stacionis et cantat.
(die halbe seite leer)

Maria dicit:

85 Auwe, auwe, sag an, jungeling,
wo leitu meyn herzeliches kint?

52 sehet fehlt 54 das hilff.

auwe, mucht ich in doch bekommen,
er im das leben würt genumen.

162ᵃ   Johannes respondit:
Auwe, auwe, aus der juden haus
90 sach ich in gehen plutig heraus,
eyn creuze auf seynem rücken lag,
vil grosser dan eyn donnerstag.

Maria canit lamentabiliter:
(der rest der seite leer)
162ᵇ   Johannes cantando respondit:
(halbe seite leer)

Maria dicit:
Auwe, auwe, jamer und auch not,
auwe, wer er noch nicht tot
95 von manchem pittern schlagen,
so wolt ich nimmer leyt tragen.

Johannes respondit:
Auwe der jemerlichen peyn,
auwe der großen marter seyn,
163ᵃ auwe, als ich vornommen han,
100 si wollten in an eyn creuze slan.

Maria vadit ad filium et loquitur ei dicens:
Ach und wee, meyn liebes kint,
wie gar unbarmherzig dir di vorstockten juden sint!
wie wirstu so vorspot, vorwunt und vorsacht,
uwy wee, das ich dich in disse welt habe gebracht
105 das du salt leyden so große marter und not,
auwe, meyn lieber son, ich solt leyden den tot,
das ich nit ansehe die große marter deyn.
auwe, das ist mir eyn peyn uber alle peyn.

filius ad matrem:
Ach muter, laß deyn clagen seyn,
110 es muß erfüllet werden der rat des vater meyn.
das menschliche geschlechte were alles verloren,
het ich mir den tot nit außerkoren;
dar umb wil ich die marter nit vormeyden
und den pittern tot vor alle menschen leyden.

163ᵇ   Hie repellit Mariam ab eo.
            Maria dicit ad Johannem:
115 Johannes, lieber ōhem meyn,
nu gehen wir hin zu der marter seyn
und hilf mir clagen seyne not,
auwe und wer er noch nit tot —
            Johannes ad Mariam: [ohne lücke?]
            Salvator ad discipulos:

_____
100 si woll.   113 muter.

ir außerwelten junger meyn,
120 die ewig bey mir wollen seyn,
secht und nempt eben war.
ich sag euch allen offenbar:
das menschenkint wirt zu Jherusalem auffsteygen
und sich zu seynen leyden neygen.
125 er wirt vorraten und gefangen
und jemerlich mit im umbgegangen.
er wirt vorspeyet und vorspot werden,
gehalsschlagt und gegeyßelt auff erden
und im auffgesetzet von dorn eyn kron
184ᵃ 130 und seyn mit nichte nit geschont.
dar nach an dem creuze hoch erhaben,
dar an er auffgibt seyn leben,
und wird an dem dritten tag wider ersteben
und zu seynem himelischen vater gehen.

       Maria dicit ad Jhesum:

135 O du vil lieber son,
wie wiltu an dir also tun?
du sagest von deyner großen marter und sterben,
da mit du dem sunder wilt gnade erwerben
und mit deynem tot sal er werden erlost.
140 o liebes kint, wo sal ich das haben trost?
ich bit dich, meyn aller liebstes kint,
du eyne andere weyße erfint,
zu erlosen die menschliche seldekeyt
an deynes todes bitterkeyt.

       Jesus dicit:

145 Maria, meyn liebe geyererin,
ich solt wol erfollen deyn begir und sin
und erhoren dich in deym gebete;
so gewolt nur meyn vater stete,
das ich sol leyden am creuz den tot,
150 darumb mit nichte brich ich seyn gebot.

184ᵇ   *Maria Magdalena sedens secundum
pedes domini dicit.*

Ach, allerliebster herre meyn,
ich bin fleyssig des lebens deyn,
ich hab alle tag zu Jerusalem poten.
sie sagten mir gar drote
155 was sie horen von dir sagen in der stat.
sie sagten mir, das die fursten haben rat,
wie sie dich toten mogen.
ich pit dich, du woltest also fugen
und woltest nit zu Jherusalem gan,
160 auff das nit die juden ir spil mit dir han.

---

129 *im fehlt*   138 *den sunder*   139 *er fehlt*   146 dyr h.   154 *noch drote
seite.*

is mit uns hie die osterspeyse,
wir wollen dir alle trewe beweysen.

Jhesus ad Magdalenam:

Gehe, ruf die aller liebste muter meyn zu mir,
ich wil euch sagen alle meyne begir.

Magdalena vocat matrem:

165 Maria, gehe zu deynem lieben sun vorstan,
er wil uns seynen trost lan.

165ᵇ   *Maria accedit, Salvator dicit:*

Ich sag euch allen ane hass,
sicherlich solt ir wissen das:
eyne kleyne zeit wil ich bey euch seyn
170 zu trost der lieben muter meyn.
morgen wil ich bey euch bleyben,
ee die juden ir spil mit mir treyben.
wan sie werden mich gar in kürze fahen,
es begint sich der osterlichen zeit nahen.

Maria dicit:

175 O du meyn vil lieber sun Jhesus,
wie trost du mich alsus!
ich pit dich, bleyb bey uns zu Bethania
bey Martha und Maria Magdalena,
auf den donnerstag haben sie das abentessen,
180 da mut die juden deyn vorgessen
und werden dir tun nicht.
lieber sun, des pis von mir bericht.

Maria Magdalena:

Ach lieber herre, erhore mich,
die bete deyner diren das pit ich dich
185ᵇ 185 durch deyne grosse ere,
dich nit von uns kere.
ich fürcht gar sere der juden neyt
werd uns machen gruß hertzenleyt.

Salvator ad Magdalenam:

Die propheten haben geschriben von mir,
190 das ich offenbarlich sagen dir:
der son gotes sal ausstrecken seyne hende
und am creuze aufgehen seyn ende.
got der vater wil seyn nit schonen,
er wil dem sunder erwerben die himlischen kronen.
195 dem wil ich gehorsam seyn
und itzunt nit der bete der muter meyn.
der vater hat lang das urteyl geben,
dar wider ich mit nichte wil streben.

166 lassen.

Maria mater dicit:

Sich an den leychnam, meyn lieber sun,
205 der dich getragen hat so schon.
sich an, kint, das sint die brüste,
die du gesogen hast, wen es doch gelüste.
187ᵃ ich pit dich in muterlicher gute,
meyn kint und herre, do vor dich hüte
210 und gedenk dir zu erfinden
eyne andere weyse lunde
numb des menschen erlösung
und den gefangenen zu trostung,
anders dan mit des creuzes bitterkeyt,
2.0 sust must ich haben grofs herzenleyt.
nu pistu doch die groste weysheyt,
in der du wol findest eyn gleychheyt,
das geschehen mag, ob du wilt alleyn.
ich pit dich, gewere mich, kint reyn.

Jhesus ad matrem:

215 Süsse muter, es wer wol billich,
das ich solt erhoren dich.
nu wisse, das an mir muß erfüllet werden,
das von mir ist geschriben auf erden:
das menschenkint muß steigen auf,
220 es wirt vorraten und vorkauft
und an den tot verurteilen.
dar zu sol und wil ich eylen.

187ᵇ   Maria:

Meyn kint, ich hore du wilt ja leyden
und den tot nit nicht vormeyden.
225 du wilt sterben mit verwuntem herzen
und also leyden pitterlichen schmerzen.
so pitt ich dich herre noch,
und folg mer, liebes kint, doch,
das du nit sterbest zu schmelich
230 an dem creuze so lesterlich,
wan es gnugsam ist eyn blutes tropfleyn
vor allen menschlich geschlecht in der gemeyn.

Jhesus:

Süsse muter, ich erfüllet gern deyn gebet,
so hat gesprochen der prophet
235 David vor allen propheten alleyn:
man hat mir gezelt alle meyn geheyn.
das mag an durch eynen blutes tropfen nit geschehen.
will ich dir in warheyt jehen.

Maria dicit:

Meyn aller liebster sun, ich pitte dich
187ᵇ 240 zu dem dritten mal, gewere mich noch.

gedenke meyn kint an das gepot voran,
das du selbest hast getan:
man sal vater und muter eren.
des selben vorman ich dich, lieber herre,
215 an die trewe die du schuldig pist
zu leysten mir in diser frist.
erwele dir eynen andern tot,
das du nit leydest des creuzes not.

      Jhesus respondit:

Ich erkenne, süsse muter, wol,
220 das deyn herze ist gar liebevol.
ich sal dir antworten mit süssikeyt:
ich pitt dich, laß deyn jamer und leyt,
ich wil den himelischen vater pitten für dich,
das er in der zeit sicherlich
225 dir gnade wolle geben
und darnach das ewige leben.

III.

*Das folgende gedicht befindet sich in der papierhandschrift 7/ 4° der
Grazer universitätsbibliothek und füllt daselbst die blätter 197'—203'. den namen
des verfassers, genauer genommen des bearbeiters, Andreas Kurzmann, lehrt der
letzte vers kennen. es ist wol derselbe, von dem ein ungedrucktes gedicht* in
etwa 1200 versen: Legend von den czwain heiligen Amelio aius Graven sun und Amico
ains ritter sun und die warn gar geleich an einander in der handschrift der Salz-
burger studienbibliothek, welche die signatur cod. V. 1. J. S. 2. ²⁄₁¹ trägt, ent-
halten. folgendermaßen unterzeichnet wurde:*

Sechs, also gett die red hie aus:
gott geb uns dort das ewig haus,
aus dem uns nyeunt getreiben chan,
wenn aller veint unser hin dan.
also sprach Andre Chuerzman.

*er war mönch des klosters Neuberg in Steiermark, denn unserem texte ist von der
hand des schreibers mit roten buchstaben folgende notis beigefügt:* Translator huius
libri dominus fuit Andreas Chürczman, monachus monasterii Novimontensis in Styria,
cuius anima requiescat in pace. Amen. scriptor huius libelli dominus est Henricus
Schüsel de Vischach prope Novam civitatem in Styria, monachus et sacerdos monas-
terii Novimontensis. *dieselbe läßt sich ergänzen durch eine größere fol. 169* der-
selben handschrift:* Haec sunt indulgencie ecclesiarum urbis Romane, scripte per
fratrem Henricum Schäbel monasterii Novimontensis professum anno domini MCCCC°
XXVIII°. anno etatis mee LXI°, sed ingressionis mee ad monasterium anno XL°
primo. sub regimine reverendissimi patris ac domini domini Sigismundi abbatis
eiusdem monasterii Novimontensis. digne et laudabiliter ipsum monasterium et totum
conventum regnavit. ipse enim est septimus Abbas Monasterii Novimontensis, ordinis
Cisterciensium secundum regulam sancti Benedicti Abbatis. a fundatione ipsius mo-
nasterii primus Abbas dicebatur Henricus Spanhalb, receptus de sancta cruce.
secundus Abbas dominus Simon. tercius Abbas dominus Hainricus qui et resignavit

---

*¹ eine abschrift derselben verdanke ich der güte meines freundes professor Eduard
Richter in Salzburg.*

Abbatiam propter debilitatem, quartus frater Jacobus, qui fuit depositus, et sub regimine ipsius factum fuit incendium totius monasterii, sicut et villa nostra quae dicitur Cawerndorff et alia bona monasterii fuerunt alienata, et hoc magnum dampnum intulit monasterio nostro. quintus Abbas Erhardus dictus Krackauer de nova civitate, qui etiam fuit depositus. sextus Abbas dominus Christianus de Pillau, iniciator omnium bonorum monasterii Novimontensis. septimus dominus Sigismundus, Abbas de Cürnelako, refundator et reparator monasterii Novimontensis, secundus eval fundator, nam refectorium et lavatorium, murum per monasterium, capellam sancte Anne in monticulo prope monasterium, curiam superiorem et inferiorem quae dicitur Mürzsteg, domum in Halstat, domum in Vischach, domum Wyenne, domum Muludorff et alia multa digne et laudabiliter expedivit, ideo nunc dicitur fundator secundus. — ferner durch eine nach der *passio de sancto Arbatio et sociis* aufgezeichnete bemerkung: a passione sanctorum martyrum usque ad praesens tempus transacti sunt mille ducenti anni et septuaginta octo anni. scriptum nam est hoc circa annum domini M. CCCC. XXX nonnum, a fratre Hainrico dictus Schebel de Vischach, professus in in monasterio Novimontensi Cisterciensium ordinis secundum regulam sancti Benedicti Abbatis in Styria.

Dazu haben ihre namen in verschiedenen farben gesetzt: frater Nicolaus Chünndörffer, Thomas Chungfpründ, frater Andreas Weinstock de Pulka.

Die österreichische heimat des dichters wird noch bestätigt durch die reime: wart (verbum): vart 33. 115. 201, zart: vort 227, dâ (*local*): alsô 197. 277, wâ: alsô 395; zer; mir 97. 329. 315; dir 53, schuer: dur 229.

Die schreibung ist ziemlich gleichmäßig. für i wechseln zwar i und y (ÿ), für u kommt meistens v (auch û) vor, aber regelmäßig werden l zu ey (mich und dich reimen nur aufeinander 77. 157, nicht auf -lich) ei zu ay, û und ou zu au (auff: lauff 381).

Ich habe y stets zu i, û zu u geändert, doppelconsonanzen im auslaute vereinfacht, für abwechselndes s und z gleichfalls im auslaute s gesetzt (sac: was 5, Sathanas: las 127, haus: aus 417). statt des mitunter im anlaut vorkommenden k für w wurde w geschrieben, ch habe ich gelassen, da es überall consequent durchgeführt war und der reim tag: geschach 221 dafür zu sprechen schien.

Alle verse haben vier hebungen und alle stumpfe reime, das letztere wird bewiesen 1. durch die schreibung der reimworte, 2. durch die reime selbst, sowol in diesen als innerhalb der verse ist nämlich die apokope aller auslautenden stummen und tonlosen e in der conjugation, declination und bei den adverbien durchgeführt. kurze und lange vocale reimen nicht selten, besonders vor e u und ch, anzuführen sind noch die reime: vrâg: tag 9. 311; sag 159. 421; her: lêr 251; êr 375.

Im Amicus und Amelius desselben verfassers ist dies noch anders, auch dort sind zwar alle verse vierhebig, auch dort werden zwar viele stumme und tonlose e nicht geschrieben, aber es bleiben doch noch sehr viele übrig, die reime ... sind selten und die starken apokopen in den reimen noch nicht ganz durchgedrungen. als klingende reime gelten daselbst zb. die infinitive der meisten verba, während unser gedicht, und das ist bezeichnend, außer sein, stên, gên keinen einzigen infinitiv als reimwort enthält. diese verschiedenheit zwischen den beiden gedichten ist vielleicht dadurch zu erklären, daß im Amicus und Amelius ein stoff höfischer epik behandelt wurde und deßhalb der einfluß der guten älteren erzählungen die äußerste rohheit fernhalten mochte, während der geistliche stoff durchaus davor nicht schützen konnte. möglich auch, daß man das soliloquium für später verfaßt zu halten hat.

Alle verse haben auftakt.[1] senkungen fehlen nirgends.[2] als letzte senkung finden sich nur unbetonte silben.[3] auch fehlen zweisilbige senkungen.[4] es ist somit das princip der silbenzählung durchgeführt.

Was die quelle des gedichtes betrifft, so wird dieselbe schon in der überschrift angedeutet: secundum Gregorium papam et doctorem sanctissimum. mit Gregorius kann nur der papst Gregor der Große gemeint sein. unter den dialogen desselben, welche sich ausschließlich mit der erzählung von wundern abgeben, befindet sich jedoch keiner, welcher unserem gedichte zu grunde liegen könnte. auch gibt es keine selbständige ähnliche schrift Gregors. dagegen gehen zahlreiche stellen des soliloquiums wirklich auf sätze Gregors zurück, die aus verschiedenen seiner schriften gezogen sind. die anmerkungen weisen dies nach. wie aber kam Kurzmann dazu, die übersetzte zusammenstellung solcher worte Gregors in der form eines dialoges zu geben? ich wage eine vermutung. der eingang des soliloquiums ist auffallend ähnlich dem anfange des abschnittes der vita beate Marie virginis et Salvatoris metrica, den ich HZ. XVII, 524 ff abgedruckt habe. dieser abschnitt hat die form eines dialoges zwischen Maria und Jesu. er enthält auch später noch einige gedanken, die unser gedicht bringt. vielleicht hat dieses vorbild den mönch Andreas Kurzmann dazu bewogen, seine sammlung der Gregorianischen loci dialogisch zu gestalten.

Die werke Gregors wurden nach der 4bändigen Benedictinerausgabe (Paris 1705) citiert. wenn ich auch stellen aus schriften beibringe, welche Gregor dem Großen mit unrecht zugeschrieben werden, so tue ich dies im hinblick darauf, daß im mittelalter alles für Gregorianisch gehalten wurde, was so benannt war. einige, freilich nicht wesentliche, hilfe hat die biographie des papstes von Lau geleistet.

Incipit Soliloquium Marie cum Jhesu secundum Gregorium papam et doctorem sanctissimum.

197' Am durch wil ich nun sagen hie
das sich vor langer zeit vergie,
do gotes sun, herr Jhesus Christ,
ein junger chnab gewesen ist.
5 sein mueter oft pei im do was
in rechter lieb als piderich was,
auch ward in fragen vil und vil,
als ich hernach von sagen wil.
si sprach zu im an ainem tag:
10 sag an, mein chind, wes ich dich frag.

---

[1] gebessert wurden 168, 221.
[2] daher wurde 360 Ich eingeschaltet. in 427 fehlt die senkung wegen des eigennamens.
[3] ausgenommen sind 133 und 210. zu dem letzteren vergl. 272.
[4] gebessert wurden 71, 137, 271. man vergleiche noch 86 und 334.

wenn aller weishait pist du vol,
als ich gelaub und wais es wol,
auch gotes sun du immer pist
der ie do was und ewig ist.
15 ich pit dich an als meinen got,
von dem her gent den gueten pot
den Moyses hie den juden gab
als ich es wol gelesen hab.
wie aver du mein sun hie seist,
20 des pin ich noch nicht wol geweist
und dar umb sag mir, liebes chind,
das ich der warhait gar erfind,
di nieman wais nur du alain,
und hast von mir doch flaisch und pain.'
25 herr Jhesus, als ich schreib hernach,
zue seiner lieben muter sprach
197ᵇ 'mein mueter, was ich sag nun dir,
das schult du zwar gelauben mir:
ich pin vor aller creatur
30 ain wares liecht und ain figur
mit got der alle dinch beschuef
von anegeng an widerruef,
und das geschach mit seinem wart,
das ich und pin ze aller vart.
35 ich pin vor allen dingen ee
und ewigleich mit got her ge,
wenn gotes sun das ist mein nam,
do mit ich in di welt her cham,
pei meinem vater was ich ie.
40 als er und ich wol wissen wie.
chain mensch das nicht erprunden mag
mit seiner clnust pei nacht und tag.
er chumt halt nimmer gar hin an,
wie vil er was, wie vil er chan;
45 wenn als die schrift ze lesen geit,
di gothait ist vor aller zeit.
chain anvang, chain end, chain leng, chain zil
di gothait an ir haben wil,

12 glawb *vgl.* 24   15 *constat enim, quia ipse creavit matrem, in cujus virgineo utero ex humanitate crearetur, in Evangel. II. hom. XXV, 6.*   19 du an'   29 ff *quatenus ejus sapientia ad nostra stulta descenderet et lucem supernae prudentiae luto suae carnis illuminata nostra caecitas videret, Moral. XXIX, 1. noch wird gott als das licht dargestellt in Evang. I, hom. II, 7. verwendet von Gregor in der Missa in die natali Domini als praefatio. opp. III, p. 8.*   35 *non solum homo ultra homines sed homo etiam super angelos factus. hinc enim de illo per Isaiam dicitur: in die illa erit fructus terrae sublimis. (I, 2) in Ezech. II, hom. I*   37 *verbum quippe patris est filius etc. in Evang. II, h. XXX.*   41 *verbum quippe absconditum invisibilis filius vocatur Moral. V.*
47 ff *quia enim ipse manet intra omnia, ipse extra omnia, ipse supra omnia, ipse infra omnia et superior est per potentiam et inferior per sustentationem, exterior per magnitudinem et interior per subtilitatem: sursum regens, deorsum continens; extra circumdans, internis penetrans etc. Moral. II, 12. vgl. noch Moral. XVI, 8, in Ezech. I, hom VIII, 17.*

wenn alle dinch si uber get
50 und nichtes nicht an si bestet.
got vater, ich und auch der gaist,
der alle gueten dinch beweist.
195° wir drei sein stet in ainer zir
doch drei person, das sag ich dir.
55 ain gothait ist uns allen an,
di nieman nicht geschaiden chan:
wenn was der vater wil und tuet,
das ist dem sun auch lieb und guet.
der hailig gaist ist auch do pei,
60 das nichtes unterschaiden sei.
wir haben stet nur ainen sin,
nicht ainer her, der ander hin.
ain lieb, ain recht, ain gueticheit,
di ist uns allen schon berait.
65 hait ainer parmung sei wir vol,
do ie der mensch zue hoffen schol.
wir haben auch nur ain gestalt,
das nichtes nicht ist manichvalt.
recht ainer als der ander ist
70 an der gestalt ze aller frist.'
Maria schon ir chind an sach,
auch nachtaglench hin wider sprach:
'mein liebes chind, ich hor dich wol.
sag mir wes ich dich fragen schol.
75 seit mit der gothait hast gemain,
wie pist du chomen her alain,
das du di menschait nennst an dich?
mein chind, das lazz auch wizzen mich.'
196° herr Jhesus sprach mit senftem mund
80 zue seiner mueter an der stund:
'mein mueter, dir ist wol bechant
das gotes son ich pin genant
von aufgang und zwicklnech
dort oben in dem himelreich.
85 seit ich dann chomen pin her ab,
den selbign nam ich von dir hab,
das ich dein sun pin auf der erd.
des pist du, rainen mueter, werd.
got vater und der gaist alain
90 sind in der gothait mir gemain.
wie aver sei der mensch gestalt
das ist auf mein person gezalt,
wenn nur alain ich under in
zue einem menschen warden pin.
95 ich pin dein sun und auch der sein.
der nam ist ewichleichen mein.

---

51 *ff commentar zu* Excelsior caelo est et quid facies? profundior inferno et unde cognosces? longior terra mensura ejus et latior mari. *Moral.* X, 9. vgl. noch *in Evang.* II *hom.* XXV, 7. 74 doch sag mir

chain sun chumt nimmermer nach mir
der an im hab die gotes zir.
chain magt gepert auch nimmermer,
100 wenn got alain dir gab die er,
das gotes sun wurd hie dein chind,
dem alle durch gehorsam sind,
die er mit seiner majestat
von anegeng beschaffen hat.'
199' 105 Maria schon die red auf nam
mit aller zucht, als si wol zam.
si sprach hin wider, als man list,
zue dem vil lieben Jhesu Christ
'mein chind, ich muez dich fragen mer.
110 nun war umb pist du chomen her?
mein lieber sun, das tue mir chund,
wenn honig get aus deinem mund.
auch süezze red di saist du mir
nach alles meines herzen gir.'
115 herr Jhesus sprach recht an der vart
'o mueter, nun hor meine wart.
das ich her ab nun chomen pin
nach meines vater muet und sin,
das get nur von dem menschen zue,
120 der nindert hat ain chlaine ruе,
do gotes pot er uber trat
mit frevel in der werden stat;
das ist alain das paradeis,
das got hochurf in allem preis.
125 dar in der mensch betrogen ist
mit listen gar ain lange frist,
wenn ja der laide Sathanas,
der trueg dem menschen neid und has,
do mit er in auch uber wand,
130 auch het in voll in seiner hand.
199.b der mensch im nicht entrinnen chund
vil tausent jar und lange stund.
der veint dem menschen ser ob lag
ze aller zeit pei nacht und tag.
135 schau dar umb pin ich chomen her,
das ich den veint wil pindren ser,
das er gar niemen schaden chan,
der gotes nam wil ruefen an.
den menschen ich in zucken wil
140 mit einem wunderleichen spil,
da mit ich gar den veint vertreib
und hail dem menschen sel und leib.
er chumt auch in der engel schar,
das sag ich, mueter, dir für war.'

127 ff die versuchungen Adams werden geschildert in Evang. I bam. XVI, 2. 137
geschadti.

145 Maria schon hin wider sait:
'mein chind, dein red ist mir gemait,
si get von dir gar zauberleich
und ist auch aller vreuden reich.
nun wol mich wart, das du der pist
150 der in di welt her chomen ist,
der sich des menschen underwind,
mein got und auch mein liebes chind.
doch wie der mensch mug werden frei
und vor dem veint doch ledig sei,
155 auch wie der veint chöm in dein hant,
das ist mir noch nicht wol herchant.
200° das selbig laz auch wizzen mich,
mein liebes chind, des pitt ich dich.'
her Jhesus sprach 'taur was ich sag.
160 ich gib ein antwurt deiner frag,
doch schol es dir nicht sein ze swer.
wenn zwar ich sag dir scharfeu mer.
den pittern tod ich leiden muez,
noch mag mir des nicht werden puez.
165 doch wird mein tod ein scharfer stranch
dem teufel under seinen danch.
wenn als er mich gezwicket hat,
so wirt ich im gar sprechen mat.
mein tod wird im ein scharfen sper,
170 das er nicht mag noch hin anch her.
mein tod wird im recht als ein pheil.
ich lazz im halt nicht lenger weil,
er müezz hin dan vor meiner chraft
mit aller seiner ritterschaft.
175 mein tod der wird in nicken schier,
das er nicht mer also reguer
recht als er vor des hat getan
mit ponhait uber fraun und man.
das wil ich alles underswen
180 und in mit grozzer macht angreu;
das ist alsus der pitter tot
und dar umb ist mein lne gar not.
205° das ich den veint gar uberwind,
des pin ich warden hie dein chind.'
185 Maria gar vil hart erkam,
do si die scharfen red vernam.
si sprach 'we heut und immer mer,
dein red ist mir recht als ein sper,
si ist mir halt recht als ein pheil
190 in meinem herzen zeit und weil.

147 *expositio super Cant. cant.* III, 9.   165 *ff* sed jam Satan redeat, id est, ab effectu suae malitiae vis illam divina constringat. *Moral.* I, 22; IX, 27; XXXII, 24.   166 wider?   184 *ich fehlt*   153 sulmam vero illum (Christi) servare praecipitur, non quod hanc tentare prohibetur, sed quod hanc superare nos posse convincitur. *Moral.* III, 10.

scholt du verderben als du saist,
das ist vor allem laid das maist.
ach, chind, was hör ich heut von dir,
wenn scharfen mer den saist du mir.
125 dein red ist mir ein grosser slag,
den ich nieht wol verdulden mag.'
her Jhesus sprach 'es ist also,
wenn zwar es stet geschriben do,
das ich ersterben muess alain
130 gar pitterlich für di gemain.
gedenk, mein mueter, an di wart,
di zue dir sprach ze ainer vart
her Simeon, der heilig man,
der mich do noch mit freuden an.
135 in gotes tempel das geschach
und er also zue dir do sprach
'nun war, dich stechen wirt ain swert
und grosses laid an dir gemert.
das was nicht anders wann di zeit
210 so wir der pitter tod an leit.
das tuet dir in dem herzen we
auz das ich von dem tod erste,
und das geschicht, als ich dir sag,
gewisleich an dem dritten tag.
215 nicht lenger lig ich in der erd,
das auch di tat volchomen werd!
201* die Jonas schon bedeutet hat
mit seiner wunderreichen tat,
den gar ain visch in sich verslaud
220 und man in doch gesunden vand
so schon an dem dritten tag,
das in halt nie ain laid geschach.
also wirt auch geschehen mir,
das sag ich, liebe mueter, dir.'
225 Maria sprach hin wider schon
'mein chind, dein red geit süessen don.
si ist halt aus der maassen zart,
nun wol mich heut und immervart,
wenn ich vernomen hab von dir,
230 das du ersten wirst also schir.
wenn anders wer mein leben krank,
auch zeit und weil wer mir ze lank.
doch sag mir, liebes chund, noch mer,
den ich dich frag mit grosser er.
235 nun chund es anders nicht gesein,
nur du muest leiden hie die pein,
auch sterben für des menschen schuld,
do mit er chem zue gotes huld?'

197 vgl. 277   221 so fehlt. in der grossen stelle in Kzech. B hom. VIII, 7 findet
sich unter den mit der auferstehung verglichenen wundern das des Jonas nicht.

her Jhesus sprach gar schon zue ir
240 'herr mueter, was ich sag nun dir.
mein vater, der gewaltig ist
in allen dingen als man list,
der hiet wol funden ainen sin,
do mit der mensch wer chomen hin.
245 doch zam in des wol recht und guet,
das ich vergiessen scholt mein pluet
recht als ain lamp an allen mail,
auch sterben für den menschen hail.
do mit verlenst der veint sein recht,
250 das er da bei zue guten chnecht.
das ist her Adam nur alain
und sein geslecht mit der gemain
291ᵇ für die ich schol und leulen wil
der smachait aus der grozzen vil.
255 ich muez vertragen neid und haz
von aller welt an underlaz.
als lang uns ich die marter leid,
so hat ein end der juden neid.
und als ich an dem chreuz aun hang.
260 da nun derplaichent meine wang,
so wirt man mein dann spoten vil
mit itwis und mit kankelspil.
der teufel wartet meiner sel,
und pin es doch Emanuel.
265 der in die welt her chomen pin
in rechter mainung auf den sin,
das ich mein volch derlosen wolt
mit meinem pluet und nicht mit gult.'
do Christus das und mer gesprach,
270 so scholt ir hueren was geschach.
Maria sprach 'we meiner zeit,
wenn angst und not mir ane leit.
ach we, ach we und immer we!
ich lig, ich sitz, ich ste, ich ge,
275 der red ich nicht vergezzen mag
die weil ich leb nur ainen tag.'
her Christus sprach 'im ist also,
wenn zwar es stet geschriben do,
das ich muez leulen hie die pein.
280 es mag halt anders nicht gesein,
wenn dor umb pin ich chomen her,
das ich vol pringen wil die ler,
die dem propheten ist bechant,
der Jsaias ist genant.

---

245 *Moral II, 10 wird erörtert* diaboli voluntas mala sed potestas justa. *Gregor hat darüber zahlreiche stellen.* 251 *liber quartus in primum Regum I, 7* 271 *spr. ach we, es wird stets Maria betont.* 281 *von Gregor angezogen in Ezech. I. hom. VIII, 31. die ganze stelle des Jsaias 53, 3(?) benutzt Gregor lib. quart. in primum Regum V, 17.*

285 der selbig schraib also von mir,
das itzund ich wil sagen dir:
er wirt geslagen also ser,
das man das pluet sicht fliessen her.
er wirt verspirtzet also gar,
290 das er muez werden ungewar
292ᵃ recht als ein sunder siecher man,
der von den leuten muez hin dan.
mein chreuz ich selber tragen muez,
auf meinem ruck mit müedem fuez.
295 unz das ich chum an die stat
da man die schelch verderbet hat.
ich pin als ainer under in
wie wol ich doch unschuldig pin.
doch scholt du haben ringen muet
300 wenn zwar es wirt dir alles guet,
das ich den menschen hailen wil.
auch gar sein not schol haben zil.'
Maria sprach 'dein red ist zart,
mein liebes chind, ze aller vart.
305 doch sag mir, herzenlieber, sun
das ich dich frag an allen gram.
so wenn du nun gestorben pist
an deinem chreuz, mein Jhesu Christ,
wo chumt dein liebe sel dan hin?
310 mein liebes chint, sag mir den sin.'
her Jhesus schon hin wider sprach,
als ich wil sagen nun hernach:
'so wenn mein sele get van mir,
als wie ich wil, das sag ich dir,
315 so chumt si in di hell hin ab.
der leichnam leit in ainem grab.
die gotheit zu der sel hin get
gewaltichleich und pei ir stet.
als nun die sel chumt in die hell.
320 die selben ich also derschell
mit ainem übergrossen saus.
das allen veinten wirt ain graus.
sei trutz, das sich ir ainer rüer,
wenn ich ir chraft also zefüer,
325 und auch so ehreftichleichen pind,
das gar ir chraft ist als ain wind.
der nieman gar geschaden mag.
wenn gar unchreftig ist sein slag.
292ᵇ mein volch das nim ich her zue mir

---

320 ff Moral. XXIX, 12. 13 schildern das hinabsteigen Christi in die hölle und
wie er portas mortis, hoc est potestates adversas superavit, vgl. noch Moral. XII, 9.
329 ff. in Euseb. II hom. III, 16; in Evang. II hom. XXII, 4—6 und hom. XXX.
ferner handelt davon der brief nr XV des VII. buches: ad Georgium presbyterum et
Theodorum diaconum ecclesiae Constantinopolitensis. inhalt: Descendet ad inferos Jesus

330 und pring es gar mit grosser zir
in das vil wünsam paradeis.
do hat es übergrossen preis.
do werdent sie mein warten schon
mit freuden umb den ewign lon,
335 uns das ich in den himel var
mit meiner auserwelten schar.
ich pring sie meinem vater zue.
do wirt in auch die ewig rue.'
Maria sprach 'mein liebes chund,
340 dein red ist aus der mazzen lind,
doch sag mir noch wes ich dich frag
mit aller andacht, an dem tag,
als du nun von dem tod erstest
und von dem grab mit lob her gest,
345 warst du dich nicht erzaigen mir
in deiner freudenreichen zir,
do mit mein trauren hin verswind?
das sag mir, herzenliebes chund.'
her Jhesus schon hin wider sprach
350 und sie mit grosser lieb an sach.
er sprach 'als pald und ich erste,
des ersten ich rue dir hin ge.
mit grosser zir ich dir derschein;
das dir vertreiben schol dein pein.
355 du wirst auch grosser freuden vol.
des zimt dich, liebe mueter, wol.'
Maria sprach mit aller zucht
'noch sag mir, herzenliche frucht,
so wenn du nun erstanden pist
360 von deinem tod, als man es list,
wie lang beleibest auf der erd,
die deiner tugent ist unwerd?'
her Jhesus schon hin wider sait,
auch mit der antwurt was bereit
365 'so wenn ich nun erstanden pin,
auch hab den tod vertriben hin,
noch sechs wochen ich noch hie beleib
und auch die zeit also vertreib,
das ich zue meinen jüngern ge
370 und sie mit gueter red beute.
ich sag in allen meinem sin,
auch tugentleichen red mit in.
der hailig gaist chumt auch in sew,
der in ir herz also vernew,
375 das sie do laufent hin und her,
auch chunden aller welt mein er.

Christus, solus illos liberabit, qui eum et vestrum esse crediderunt et praecepta ejus vivendo tenuerunt. 351 liber primus in primum Regum. III, 13 360 es fohlt.

halt was vor langer zeit geschach
und auch geschehen schol hernach,
das wirt in alles werden chund.
380 wenn ich es gib in iren mund,
nach dem wirt ich dann varen auf
gewaltichleich mit vollem lauf
zue meinem vater in das reich
dar in er wonet ewichlewh.'
385 Maria sprach noch mer zu im
'mein liebes chund, mein red vernum,
als du nun in dem himel pist
pei deinem vater alle vrist,
wem willt du mich dann lazzen hie?
390 es wirt mir gen ich wais nicht wie,
ich leuder dar nicht wol beleib,
wenn zwar ich wurt ein armes weib,
scholt ich von deinen augen sein,
das wurt mir gar ain grosse pein.'
395 her Christus sprach 'nicht red also,
wie wol ich dort pin anderswo,
der hailig gaist dein troster ist
an aller stat recht wo du pist,
wenn aller trostung ist er vol
400 und chan es aus der mazzen wol,
recht wie er wil nach seinem muet.
die red sei deinem herzen guet.'
Maria sprach 'mein trost ist chlain,
ich sei dann nur pei dir alain.
405 und dar umb frag ich dich noch mer,
wirst du icht aver chomen her,
das du mich nemest hin zue dir?
wenn das ist alle mein begir.'
her Christus sprach recht an der stund
410 'ich tue dir, liebe mueter, chund,
so wenn dein leben hat ain zil,
mit freuden ich dir chomen wil
auch nemen wil dein raine sel,
die schol der lieb sand Michahel
415 schon auf belaiten in die stat,
die dir mein hant beraitet hat,
das ist in meines vater haus,
da nieman wirt getriben aus,
mit sel und leib chumst du do hin,
420 wenn ich des wol gewaltig pin.'
recht, nach der red als ich hie sag

---

410 ff *Gregor hat im liber sacramentorum eine Missa in Vigilia Assumptionis Sanctae Marine und eine zur Assumptio sanctae Mariae Virginis (opp. III, p. 122. 3), auch im Antiphonarium (v. III, opp. 707) wird die assumptio erwähnt, aber nirgends dabei der erzengel Michael.*

Maria tet nicht mer ain frag,
also nam auch die red ain end.
got allen chummer uns verwend,
425 auch geb, das wir in sehen an,
den nieman gar vol loben chan.
also sprach Andre Churtzman.

Amen.

Druck von J. B. Hirschfeld in Leipzig.